Kunstgeschichte praktisch

Bauen, Malen und Gestalten von der Steinzeit bis zum Barock

Gerlinde Blahak

www.verlagruhr.de

Verlag an der Ruhr

Impressum

Titel: **Kunstgeschichte praktisch**
Bauen, Malen und Gestalten von der Steinzeit bis zum Barock

Autorin: Gerlinde Blahak

Druck: Druckerei Uwe Nolte, Iserlohn

Verlag an der Ruhr
Alexanderstraße 54 – 45472 Mülheim an der Ruhr
Postfach 10 22 51 – 45422 Mülheim an der Ruhr
Tel.: 0208/439 54 50 – Fax: 0208/439 54 239
E-Mail: info@verlagruhr.de
www.verlagruhr.de

ISBN 978-3-8346-0175-9

geeignet für die Klasse 5 6 7 ... 12 13

Die Schreibweise der Texte folgt der neuesten Fassung
der Rechtschreibregeln – gültig ab August 2006.

Inhalt

Vorwort

Kunstgeschichtliches Wissen kann vermittelt werden wie ein Museumsrundgang: Die Schüler folgen dem Lehrer durch die weiten Gänge voller Epochen und Stile, und es gilt: Bitte nichts anfassen! Solch ein Unterricht lässt allerdings kaum langfristiges Wissen und noch weniger Interesse und Freude an Kunstwerken entstehen. Deshalb empfehle ich, die Führung durch die Geschichte der Kunst so anschaulich wie möglich und nur so ausführlich wie nötig zu gestalten, um dann mit der Klasse die Museumswerkstatt zu betreten, wo endlich alle selbst werkeln können. Dieses Prinzip – die Vermittlung von kunstgeschichtlichem Wissen über das eigene **Gestalten und Erfahren** der Schüler – bildet die Grundlage dieses Buches.

Es will also vor allem eines nicht: einen chronologischen Überblick über die Kunstgeschichte geben oder ausführliche Interpretationsvorschläge zu Kunstwerken machen. Es möchte vielmehr an einigen **gestalterischen Projekten** zeigen, wie man Schülern kunsthistorisches Wissen praktisch nahebringen kann.

Ganz ohne Faktenwissen geht es natürlich nicht, jedoch wurde die Theorie zu Gunsten der Praxis bewusst knapp gehalten. Jedem Projekt geht eine kurze **kunstgeschichtliche Einführung** in Form eines Arbeitsblattes voraus, das die Schüler weitgehend selbstständig bearbeiten können. Dabei wurde darauf geachtet, dass Inhalte durch abwechslungsreiche Aufgabentypen vermittelt werden und in engem Bezug zum praktischen Projekt stehen. Im Unterricht habe ich festgestellt, dass Schüler, die die Merkmale von Epochen und Stilen durch praktisches Gestalten im wahrsten Sinne des Wortes „erarbeiten" und vertiefen, nachhaltigeres Wissen erwerben (mehrkanaliges Lernen!), als wenn sie Stilmerkmale und Kunstwerke rein rezeptiv aufnehmen. Gleichzeitig erschließen sie sich durch ihre Tätigkeit eine breite Palette von **künstlerischen Techniken** und gestalterischen Möglichkeiten.

Die Projekte beziehen sich immer jeweils auf eine **Epoche der Kunstgeschichte** und werden detailliert beschrieben. Abbildungen und gestalterische Lösungsvorschläge erleichtern die Vorbereitung und Umsetzung. Zusätzlich enthalten die Projektbeschreibungen **Tipps für Gestaltungsvarianten**. Die Zeitangaben auf den Arbeitsblättern beziehen sich nur auf die Bearbeitung der Projekte, ohne die Vermittlung theoretischer Kenntnisse oder Bildbetrachtungen miteinzuschließen. So bleibt es dem Lehrer überlassen, wie umfangreich er die Einführung in das Thema gestaltet.

Bei der Auswahl der Epochen wurden vor allem die **Vorgaben der Lehrpläne** und die **Ansprüche der einzelnen Klassenstufen** berücksichtigt. Die einzelnen Projekte sind so gestaltet, dass sie in allen Jahrgängen der Sekundarstufe eingesetzt werden können. Selbstverständlich wurden alle Aufgaben im Unterricht erprobt.

Bei einigen Projekten (Höhlenmalerei, Ägyptische Wandmalerei, Renaissance) empfehle ich, die Brücke zum **Geschichtsunterricht** zu schlagen. Mit Team-Teaching oder fächerübergreifendem Unterricht könnten die gemeinsamen Inhalte des Kunst- und Geschichtsunterricht ideal vermittelt werden.

Werden die Arbeitsblätter, Skizzen und Hinweise zu den einzelnen Techniken in einer **Mappe** gesammelt, entsteht eine ganz eigene, individuelle Kunstgeschichte, die fachliches Wissen und eigenes Gestalten vereint.

Viel Spaß und Erfolg mit den Projekten wünscht

Gerlinde Blahak

Höhlenmalerei (1/5)

ARBEITSBLATT

Die Steinzeit: Wann war das?

Die Steinzeit wird zeitlich unterteilt in Altsteinzeit (begann vor 2,5 Mio. Jahren und dauerte bis ca. 8000 v. Chr.), Mittelsteinzeit (ca. 8000 – 3000 v. Chr.) und Jungsteinzeit (ca. 3000 – 1500 v. Chr.). Ein berühmter Vertreter der Altsteinzeit war der **Neandertaler**. Der Begriff „Steinzeit" wurde gewählt, weil die Menschen zu dieser Zeit keine Metalle kannten. Dennoch besaßen sie Geräte, Werkzeuge und sogar Musikinstrumente.

Aus welchen Materialien waren diese Dinge gefertigt? Drei der folgenden Werkstoffe sind richtig – kreuze ☒ sie an.

☐ Holz ☐ Kupfer ☐ Glas ☐ Knochen
☐ Stein ☐ Erde ☐ Gummi

Wie lebten und malten die Steinzeitmenschen?

Die Menschen der Steinzeit lebten als **Jäger** von Wildtieren und **Sammler** von Pflanzen (Früchte, Beeren oder Nüsse). Sie erkannten irgendwann, dass sie mit bestimmten Werkzeugen **Flächen und Linien** erzeugen konnten. Die Künstler der ausgehenden Altsteinzeit verfügten schließlich bereits über erstaunliche Kenntnisse und Fähigkeiten: Sie konnten schon perspektivisch zeichnen, das Verhalten von Tieren naturgetreu darstellen und kannten verschiedene **Maltechniken.** Vor allem die für das Überleben entscheidende Jagd war ein häufiges Motiv. Die Malereien zu diesem Thema zeigen z.B. steinzeitliche Waffen und Beutetiere.

Womit malten sie?

Als **Farben** dienten gemahlene ______________, wie Gipsweiß, rote und ockerfarbene Erde sowie Kohlereste. Sie wurden mit ____________ oder ______________________ vermischt und mit den Händen, einem Stück Fell oder Pflanzenstängeln auf die Wände aufgetragen. Bei der ________ ______________ sprühte der Künstler das feine Farbpulver mit dem Mund und mit Hilfe eines Röhrchens auf die Wand. Hielt er seine Hand wie eine Schablone dazwischen, entstand ein Umriss, wie man ihn z.B. in der berühmten Höhle von **Lascaux** in ____________________ findet. Die Abbildungen in dieser Höhle gelten als eine der ältesten Kunstwerke in der Geschichte der Menschheit. Sie entstanden 17.000 bzw. 15.000 Jahre vor unserer Zeitrechnung und zeigen hauptsächlich ______________________ ______________ von größeren Tieren, wie Pferd, Hirsch und Auerochse (heute ausgestorben).

Ergänze den Text mit Wörtern aus dem Wortspeicher:

tierischen Fetten – naturgetreue Abbildungen – Südfrankreich – Öl – Versprühtechnik – Mineralien

Für Geschichtswissenschaftler sind Höhlenmalereien eine Sensation und ein wertvoller „Schatz". Erkläre, warum.

Abbildungen von den Höhlenmalereien in Lascaux und ein Video über das Leben der Neandertaler findest du auf www.zdf.de/ZDFmediathek/inhalt/6/0,4070,22905986-1,00.html

Höhlenmalerei (2/5)

PROJEKTBESCHREIBUNG

ZEITAUFWAND 3 Doppelstunden

MATERIAL

- 2 weiße Blätter (Zeichenblock) DIN A3
- Skizzenpapier
- Malkasten
- Breiter Pinsel
- Küchenpapier
- Wachsmalkreiden (schwarz, braun)
- Bleistift
- Bürohefter
- Zeitungspapier
- Kopiervorlagen: Tiere der Eiszeit (s. Vorlage)

SO GEHT'S

A) Die Höhlenwand

1. Befeuchte ein weißes Blatt (DIN A3), das du zuvor aus deinem Block genommen hast, mit klarem Wasser. Dazu benutzt du einen breiten Pinsel oder einen Tupfer aus Küchenpapier.
2. In diese feuchte Fläche hinein malst du nun mit breiten Pinselstrichen farbige Felder. Dazu verwendest du „Erdfarben" und ihre Mischungen aus deinem Malkasten. Überschüssige Farbe oder zu viel Wasser tupfst du mit Küchenpapier ab. Du kannst auch Flechten, Moose und Gesteinsverfärbungen entstehen lassen: Tupfe dazu einfach satte Farbe mit dem Pinsel in die feuchte Fläche.
3. Zuletzt befeuchtest du den Rand des Blattes (Breite ungefähr 5 cm) nochmals und lässt in diesen Bereich kräftiges Schwarz einfließen, um eine Schattenzone zu erzeugen.
4. Das Blatt muss nun gut durchtrocknen.

SO GEHT'S

B) Die Tierdarstellungen

1. Anhand von Vorlagen versuchst du nun, mindestens vier verschiedene Tiere auf einem Skizzenblatt nachzuzeichnen. Durchpausen ist nicht erlaubt! Beachte folgende Hinweise:
   Die Tiere sollen, ungeachtet ihrer tatsächlichen Größe, sehr klein oder übergroß dargestellt werden. Sie werden in Seitenansicht gezeichnet und möglichst nebeneinander angeordnet. Es gibt keine Binnenzeichnungen, d. h. die Innenflächen der Zeichnungen bleiben leer. Lediglich die Augen der Tiere deutest du als Punkte an.

2. Besonders gelungene Entwürfe übernimmst du dann mit Bleistift auf deine „Höhlenwand". Alle Darstellungen sollen ca. 5 cm vom Blattrand entfernt sein, da der Rand später noch bearbeitet wird. Bei deiner Vorzeichnung drückst du nur schwach mit dem Bleistift auf, damit sich beim Radieren nicht zu viel Farbe vom Hintergrund löst. Platziere die Tiere neben- und übereinander.

3. Dann ziehst du mit Wachsmalkreiden in Schwarz und Braun die Konturen kräftig nach. An Rücken und Bauch der Tiere kannst du durch Schummern kleine Schattenzonen anlegen.

4. Wenn du Menschen darstellen willst, die Tiere jagen, zeichnest du sie als einfache, sehr kleine „Strichmännchen", die Speere, Pfeile und Bogen mit sich führen.

SO GEHT'S

C) Das Felsfragment

1. Lege das fertig gestaltete Blatt auf ein zweites in gleicher Größe (DIN A3, weiß). Jetzt reißt du den Rand von **beiden** Blättern ringsum ab. Der neu entstandene Rand soll unregelmäßig und „abgesplittert" wirken. Achte dabei darauf, dass möglichst wenig von der dargestellten Szene verloren geht.

2. Mit einem Bürohefter klammerst du nun die beiden Papierflächen zusammen, wobei du aber noch eine Längsseite offen lässt.
Es macht nichts, wenn sich bei dieser Arbeit die Flächen leicht verschieben.

3. Jetzt zerknüllst du Zeitungspapier ganz leicht und schiebst es in die entstandene „Tasche". Die Auspolsterung sollte flach gehalten werden, Unregelmäßigkeiten sind jedoch erwünscht, da es sich ja um ein „Felsstück" handelt.

4. Zum Schluss wird die noch offene Seite des dreidimensionalen „Felsfragments" mit Heftklammern verschlossen. Bearbeite nun den Rand nochmals so, wie bei Aufgabe A beschrieben: Anfeuchten, Schwarz einfließen und trocknen lassen. Betupfe auch die Heftklammern noch mit Farbe, um sie farblich anzupassen.

Höhlenmalerei (4/5)

Vorlage

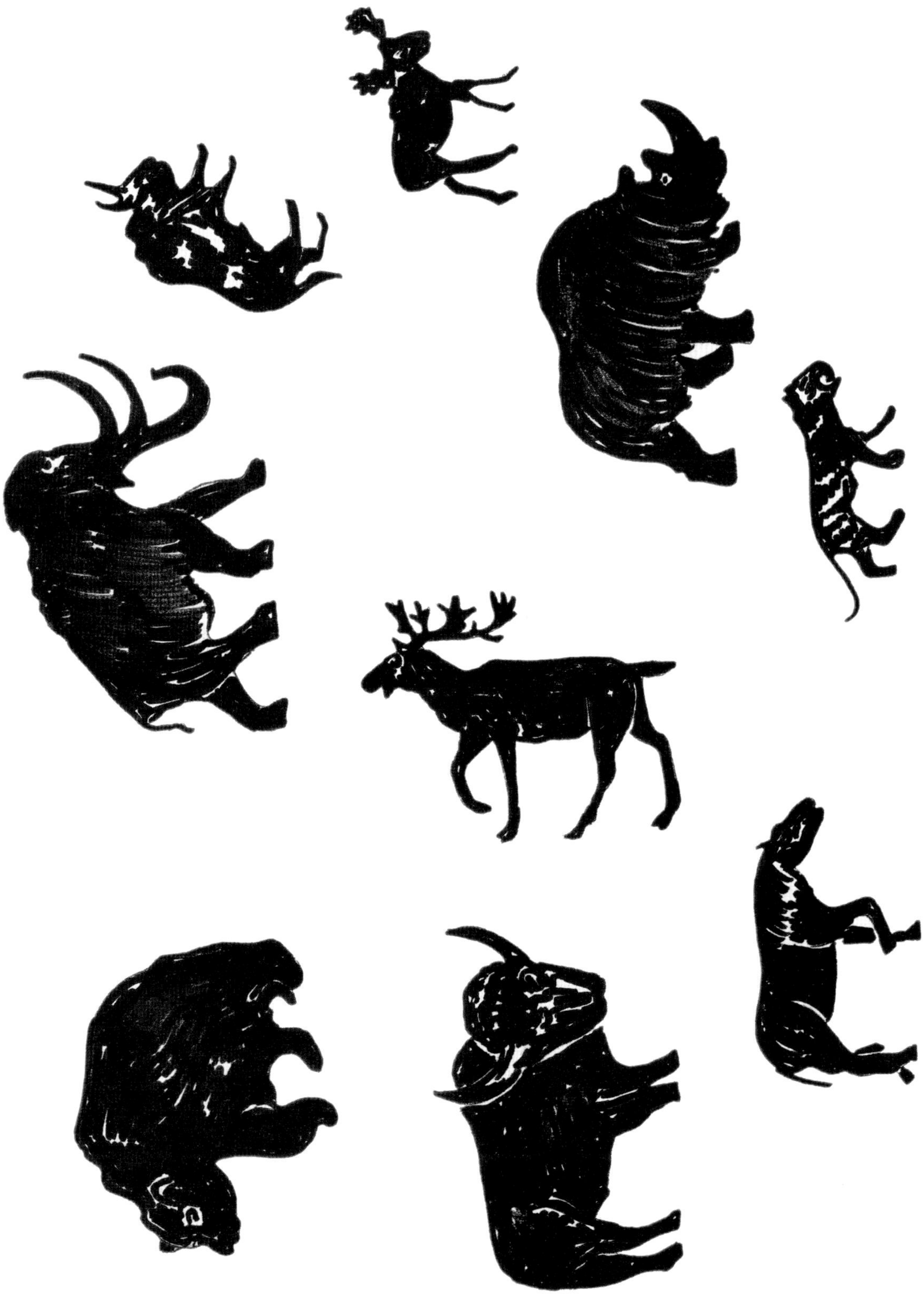

Steinzeitliche Abbildungen von Tieren (nachgezeichnet)

Höhlenmalerei (5/5)

BEISPIELE

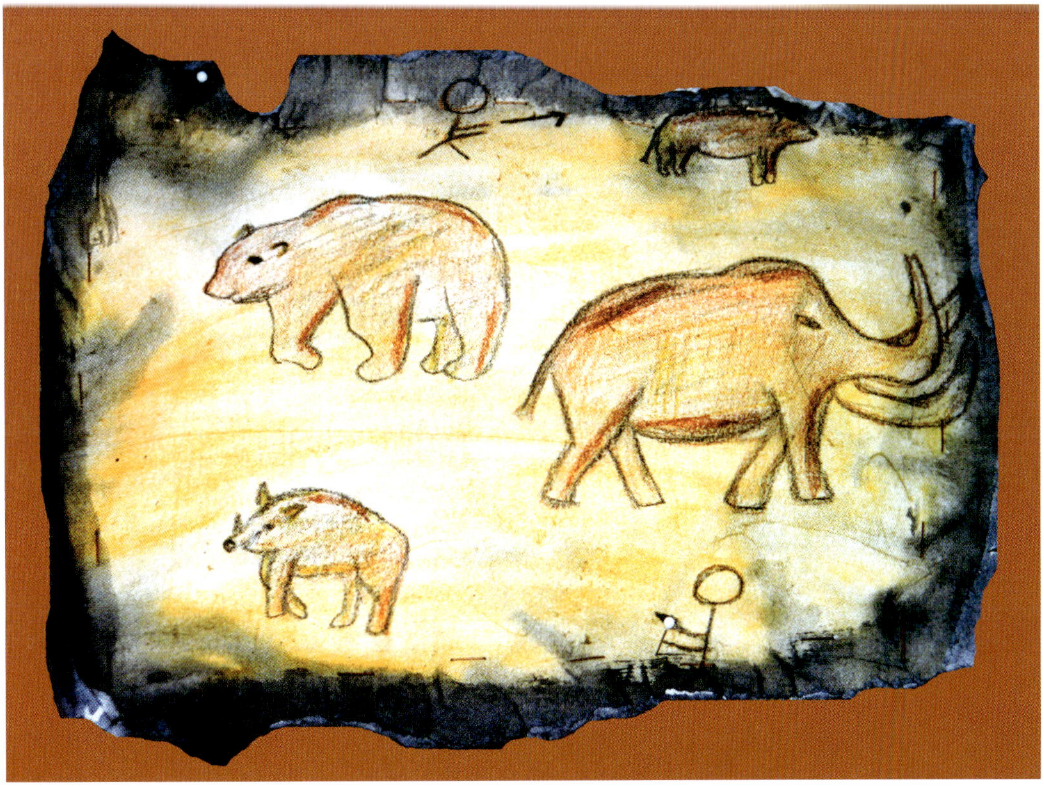

Schülerarbeit

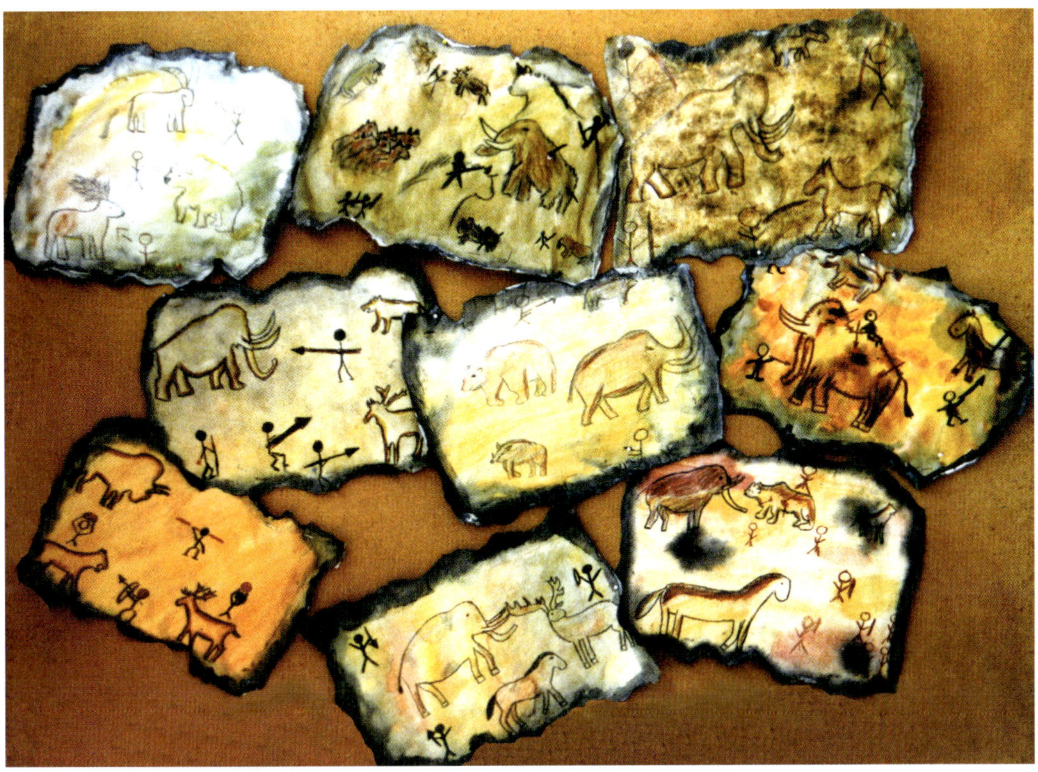

Sammlung von Schülerarbeiten

Aus der Welt der Indianer (1/6)

ARBEITSBLATT

Wie lebten die Indianer?

Die nordamerikanischen Ureinwohner, genannt „Indianer", lebten bis zur Ankunft der Europäer in **Stämmen** über das gesamte Gebiet der heutigen USA und Kanadas verteilt. Je nach Region waren sie Fischer, nichtsesshafte Jäger und Sammler oder Ackerbauern. Wo die Natur aus großen Weideflächen oder Wäldern bestand, lebten sie überwiegend von der Jagd auf **Bisons**. Diese wild lebenden Rinder lieferten ihnen nicht nur Fleisch als Nahrung, sondern auch Leder als Material für Kleidungsstücke und Gebrauchsgegenstände, wie z.B. Zelte (**Tipis**). Felle, die für religiöse Zwecke genutzt wurden, bemalten die Indianer oft mit Tierfiguren. Häufig gaben diese Abbildungen auch die Erlebnisse im Krieg oder bei der Jagd wieder.

Welche der folgenden Feldfrüchte bauten die Indianer an? Kreuze ☒ die richtigen drei an:

☐ Kartoffeln ☐ Mais ☐ Kürbis
☐ Weizen ☐ Sojabohnen ☐ Rüben

Womit malten sie?

Als Farben für ihre Fellmalereien verwendeten die Indianer …
Pflanzensäfte/farbige Erden in Pulverform/ Metallsalze.
Als Malwerkzeuge dienten …
Weidenstäbe/Bisonknochen/Frauenhaare.
Kleider aus Bisonleder wurden manchmal reich verziert mit …
gefärbten Borsten des Stachelschweins/ Glasperlen/Blättern und Blüten.

Streiche die falschen Satzteile durch. Achtung: Auch zwei Satzteile können richtig sein!

Wie malten sie?

Die **Kunst der Indianer** zeichnet sich durch folgende **gestalterische Merkmale** aus:

- **Linien** dominieren die Darstellungen,
- Binnenflächen werden durch **geometrische Formen** (Dreiecke, Rechtecke, Streifen, Kreise) gestaltet,
- einzelne **Körperpartien** von Mensch oder Tier werden überbetont,
- häufig wird eine Art **Bilderschrift** mit symbolischer Bedeutung verwendet.

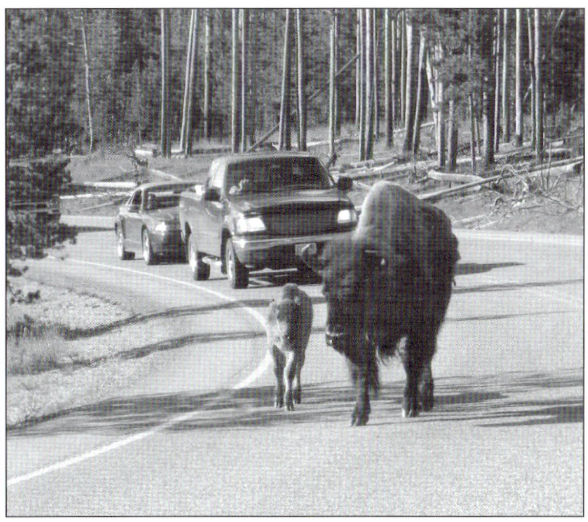

Amerikanisches Bison mit Kalb

Warum findet man Abbildungen von Pferden erst auf indianischen Darstellungen, die ab dem 16. Jahrhundert entstanden sind?

Finde heraus, wie wichtig das Bison für das Leben der Indianer war und welche Gegenstände sie daraus anfertigten, z.B. auf www.welt-der-indianer.de/tiere.html

Noch mehr über die Lebensweise, Traditionen und die Kunst der Indianer in der Vergangenheit und heute findest du auf www.indianer.de

Aus der Welt der Indianer (2/6)

PROJEKTBESCHREIBUNG

ZEITAUFWAND 3 Doppelstunden

MATERIAL

- Packpapier oder graues Tonpapier (DIN A2)
- Umwelt-Zeichenpapier (leicht grau, DIN A3)
- Skizzenpapier
- Rohrfedern
- Tusche (schwarz)
- Schwarze Filzstifte
- Bleistift
- Klebestift
- Schere
- Kopien indianischer Zeichnungen (s. Vorlage)

VORBEREITUNG

Sieh dir die indianischen Felszeichnungen auf dem Newspaper-Rock (US-Bundesstaat Utah) genau an. Probiere den Umgang mit der Rohrfeder und Tusche auf einem Stück Papier aus. Finde heraus, wie sich die Dicke der Linien ändert, wenn du unterschiedlich stark aufdrückst.

SO GEHT'S

A) Das Büffelfell

1. Zeichne mit Bleistift auf Umweltpapier die Umrisse einer möglichst großen, ausgebreiteten Tierhaut vor. Man erkennt noch den Ansatz der Beine, des Kopfes und des Schwanzes.

2. Schneide die Umrisse entlang der vorgezeichneten Linie aus und klebe die Fläche so auf das Packpapier, dass im Bereich des Kopfes noch genügend Platz für längere Fransen bleibt.

3. Diese Fransen, bei denen es sich ursprünglich um angeknüpfte Büschel von Pferdehaaren handelte, gestaltest du mit Hilfe einer Rohrfeder und Tusche. Im Bereich des Kopfes bringst du zunächst auf der „gegerbten" Fläche eine Einfassung des Fellrandes an:
Sie ähnelt mit ihren kurzen waage- und senkrechten Strichen einer Stichfolge, wie man sie bei Handarbeitsdecken findet. Daran schließen sich in bewegten Schwüngen die Büschel aus Pferdehaaren an. Sie können die Richtung wechseln, länger oder kürzer sein, sollen sich aber nicht überschneiden. Achte auch darauf, dass sie die Bildkante nicht berühren.

Aus der Welt der Indianer (3/6)

PROJEKTBESCHREIBUNG

4. Die Fellschicht auf der Seite der Büffelhaut, die nicht zu sehen ist, zeigt sich nur in einem schmalen Kranz von Haaren, der rings um das Fell läuft. Mache dazu eine Vorübung: Streife die Tusche ab und versuche dann, ganz kurze Schwünge zu zeichnen, die in einem leichten Bogen fast parallel zum Rand der Büffelhaut verlaufen.

SO GEHT'S

B) Indianische Zeichnungen

1. Fertige Skizzen von den Abbildungen an, die du gesehen hast. Achte dabei vor allem auf die charakteristischen Merkmale der indianischen Bildsprache.

2. Arbeite jetzt (ohne Vorzeichnung) auf der vorbereiteten „Büffelhaut". Achte darauf, die Motive zu streuen und nicht auf eine Linie zu schreiben. Hierfür solltest du die Unterlage zwischendurch immer wieder drehen. Du kannst Zwischenräume für kleinere Details nutzen, fülle die Fläche aber nicht unmittelbar bis zum Rand aus. Arbeite mit schwarzem Filzstift und bringe hier und da Verstärkungen, an- und abschwellende Linien sowie kleine, ganz schwarze Flächen und Ornamente an. Am Ende sollen sich intensiv dunkle Bereiche und Partien, die in kleine Teile aufgelöst sind, auf der Gesamtfläche harmonisch abwechseln.

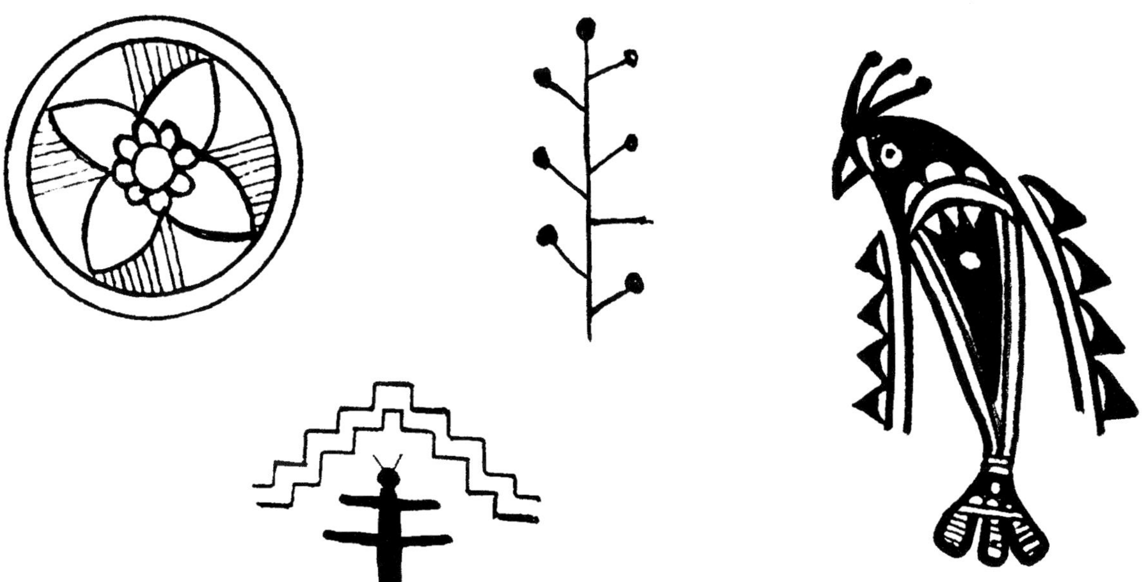

Moderne indianische Zeichnungen

Aus der Welt der Indianer (4/6)

Vorlage

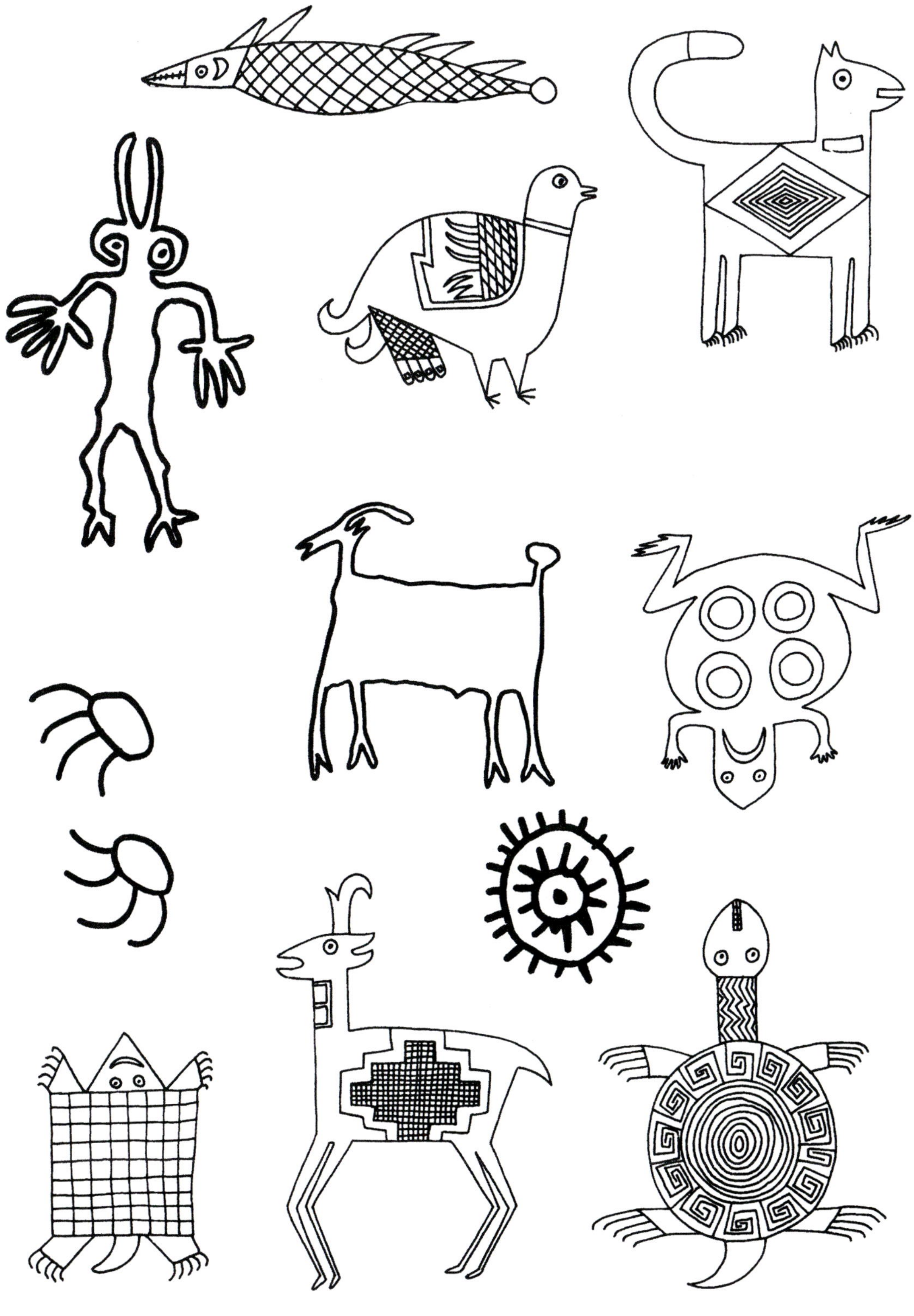

Moderne und alte indianische Zeichnungen

Aus der Welt der Indianer (5/6)

BEISPIEL

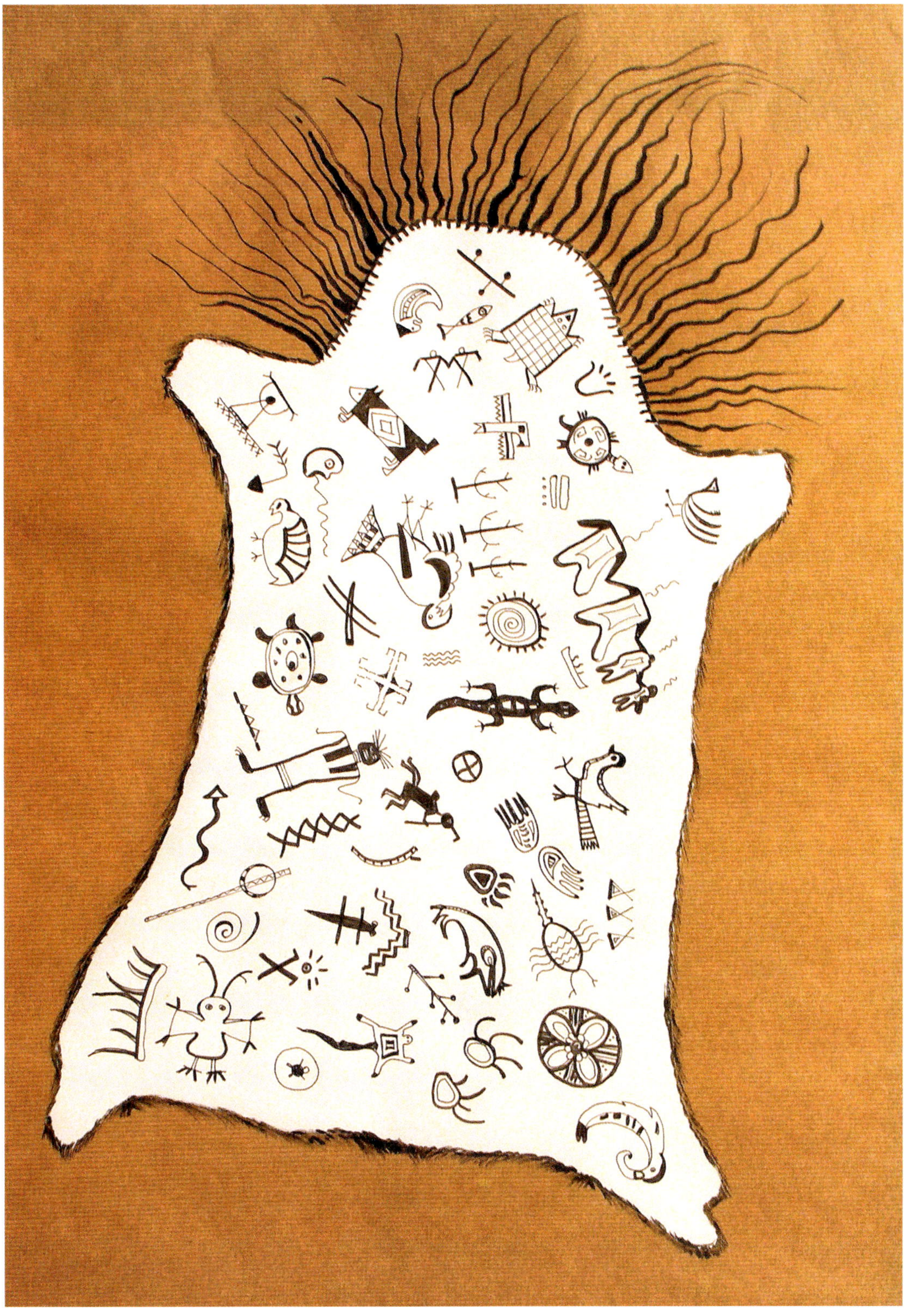

Schülerarbeit

© Verlag an der Ruhr — Postfach 102251 — 45422 Mülheim an der Ruhr — www.verlagruhr.de — ISBN 978-3-8346-0175-9

Aus der Welt der Indianer (6/6)

BEISPIEL

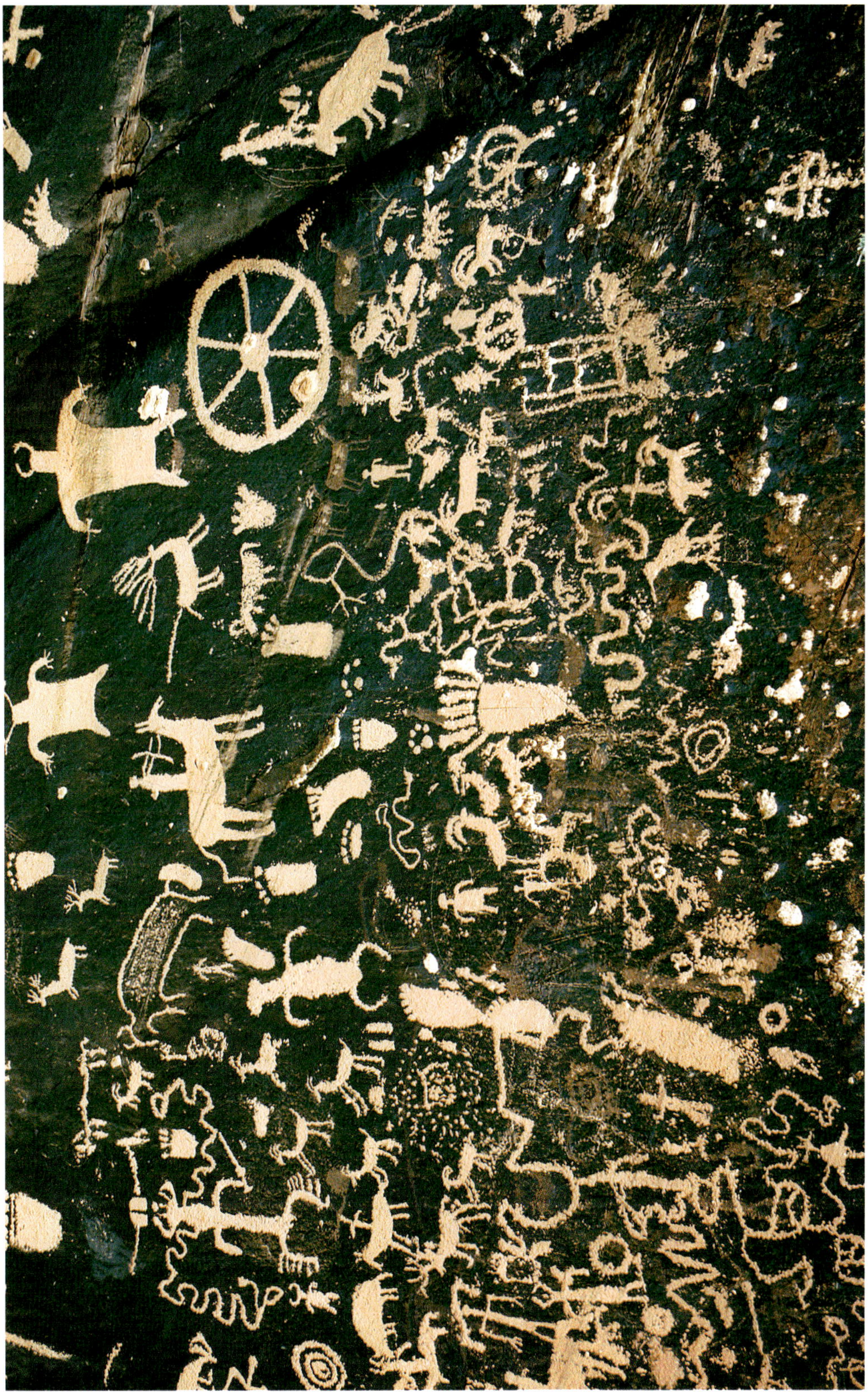

Felszeichnungen auf dem Newspaper-Rock in Utah

Masken aus Ozeanien und Afrika (1/6)

Arbeitsblatt

Ozeanien ist die Bezeichnung für die über 7.500 Pazifik-Inseln zwischen Australien, den Philippinen und Amerika. Etwa 2.100 dieser Inseln sind bewohnt.

Wozu tragen Menschen Masken?

Schon in der Jungsteinzeit entstanden Felszeichnungen, die maskierte Menschen darstellten. Noch heute werden Masken im afrikanischen oder ozeanischen Raum z.B. bei traditionellen Tänzen eingesetzt, um Schutzgottheiten anzuflehen oder böse Geister abzuschrecken. In Afrika gehört zur Maske meist auch ein **Kostüm**, z.B. aus Bast oder Stoff. Bei Fruchtbarkeitszeremonien tragen die Tänzer z.B. Masken in Form von Antilopenfiguren auf dem Kopf, ihr Gesicht und Körper sind mit Stoff verhüllt. Die bekannteste Maskenform Ozeaniens, die **Tatanua**, verkörpert verstorbene Mitglieder des Stammes. Sie ist relativ klein, hat eine vorstehende, gebogene Nase und ein vorspringendes Kinn. Sie wird bei Zeremonien verwendet, um damit alte, geheimnisvolle Geschichten zu erzählen. Auch in Ozeanien verhüllt der Träger einer Maske meist seinen Körper mit einem Gewand.

Welche Gemeinsamkeit besteht zwischen afrikanischen und ozeanischen Maskenritualen?

Wie wurden die Masken angefertigt?

Die Menschen in Ozeanien besaßen bis zur Ankunft der Europäer im frühen 16. Jahrhundert keine Werkzeuge aus Metall. Dennoch fertigten sie geschnitzte Masken aus Holz an. Da die Künstler nach festgelegten **Vorgaben** arbeiteten, weisen alle Masken ähnliche, meist geometrische Formen auf. Diese sorgen auch dafür, dass die Masken auf uns relativ starr wirken.

Unterstreiche die Werkzeuge, die die Künstler zum Schnitzen verwendeten (mehrere Lösungen sind möglich!) und die, mit denen sie die raue Oberfläche der Holzmaske glätteten.

Schnitzwerkzeuge:
Steinbeile – Muscheln – Tierzähne – Kokosnussschalen – Tonscherben

Glättwerkzeuge:
Haut von Rochen (Fischart) – kräftige Blätter – Sand – Tierkrallen

Sieh dir die unten abgebildete Maske an und beschreibe sie. Achte vor allem darauf, welche geometrischen Formen sie enthält.

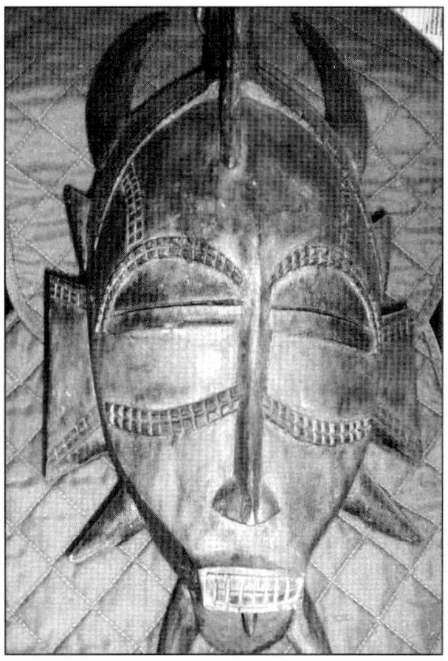

Maske von der Küste Westafrikas

Die Maske stammt aus einem westafrikanischen Land, das an den Atlantik grenzt und dessen Hauptstadt Abidjan heißt. Sieh im Atlas nach, um welches Land es sich handelt.

Masken aus Ozeanien und Afrika (2/6)

Projektbeschreibung

Zeitaufwand 3–4 Doppelstunden

Material

Variante 1

- Dunkles Tonpapier (DIN A5)
- Weißes Zeichenpapier (DIN A4)
- Graues Tonpapier (DIN A4)
- Skizzenpapier
- Bleistift
- Radiergummi
- Filzstifte (verschiedene Farben und Strichstärken)
- Schere
- Klebestift

Variante 2:

- Weißes Zeichenpapier DIN A4
- Kerzenreste
- Malkasten
- Breiter Pinsel

So geht's

A) Der Entwurf

Als Erstes fertigst du einen **Entwurf** für eine Maske auf **Skizzenpapier** an. Bevor du damit beginnst, teilst du es in Teilflächen auf. Durch Bleistiftlinien zeigst du an, wo später die Schnittlinien verlaufen sollen.

Tipp

Bei **Variante 2** kannst du das farbige Papier, das „aufgespalten" werden soll, im Wachs-Batik-Verfahren selbst herstellen: Dazu bearbeitest du weißes Papier (DIN A4) mit Kerzenresten. Das Muster soll an eine Holzmaserung erinnern. Bedecke dazu das Blatt mit Längslinien und runden Formen, die Astlöcher darstellen. Zeichne mit der Kante der Kerze und drücke möglichst stark auf. Dann färbst du die gesamte Fläche mit breiten Pinselstrichen in „Holzfarben" ein (Braun, Ocker, Schwarz, Dunkelgrün). An den mit Wachs behandelten Partien perlt die Farbe ab und sie erscheinen als Holzstruktur. Nach dem Trocknen verkleinerst du das Format etwas und beginnst dann mit dem Spaltschnitt.

Masken aus Ozeanien und Afrika (3/6)

PROJEKTBESCHREIBUNG

SO GEHT'S

B) Der Spaltschnitt

1. Auf dem farbigen Papier machst du am Besten eine grobe Vorzeichnung: Einteilung in Teilflächen, Augen, Nase, Mund. Richte dich dabei nach deinem Entwurf und besprich ihn anschließend mit deinem Lehrer.

2. Schneide entlang der Linien mit der Schere oder dem Cutter (über das passende Werkzeug sollte dein Lehrer entscheiden). Achte darauf, dass alle Schnittkanten von Außenrand zu Außenrand einer Teilfläche laufen.

3. Lege die einzelnen Teile auf und experimentiere mit ihrer Lage: Durch das Auseinanderziehen der Schnittkanten entstehen schmale und breite Zwischenräume oder „Linien". Durch Drehen der einzelnen Teile entstehen dreieckige Zwischenräume. Kontrolliere, ob sich auch wirklich jedes Teil von dem anderen weg bewegen lässt. Weiche von deinem Entwurf ab, wenn du neue überraschende Ideen hast. Achte aber darauf, dass kein Teil verloren geht!

4. Bevor du die Teile aufklebst, legst du sie zur Kontrolle nochmals an die richtige Stelle und markierst durch Punkte ihre Lage. Überlege, ob du einzelne davon noch weiter zerlegen willst. Achte darauf, dass sich die Teile nicht überschneiden.

5. Anschließend streichst du sie mit Klebstoff ein und klebst sie auf ein weißes Zeichenblatt.

TIPP

- Der Spaltschnitt gelingt besser, wenn du die Teile nummerierst und beim Aufkleben mit der oberen Hälfte beginnst.
- Beide Gesichtshälften müssen nicht unbedingt symmetrisch sein: Verzerrungen machen die Maske bedrohlicher.

SO GEHT'S

C) Die Bearbeitung mit Filzstiften

1. Entscheide dich, wo du den weißen Untergrund mit Filzstiften bearbeiten willst. Es ist wichtig, dass auch einige Stellen unbearbeitet bleiben!

2. Fülle die ausgewählten Zwischenräume mit geometrischen Mustern oder Fantasieverzierungen.

3. Zum Schluss „schließt" du noch Lücken im Umriss der Maske, sodass sie eine feste Kontur erhält.

Masken aus Ozeanien und Afrika (4/6)

Beispiel

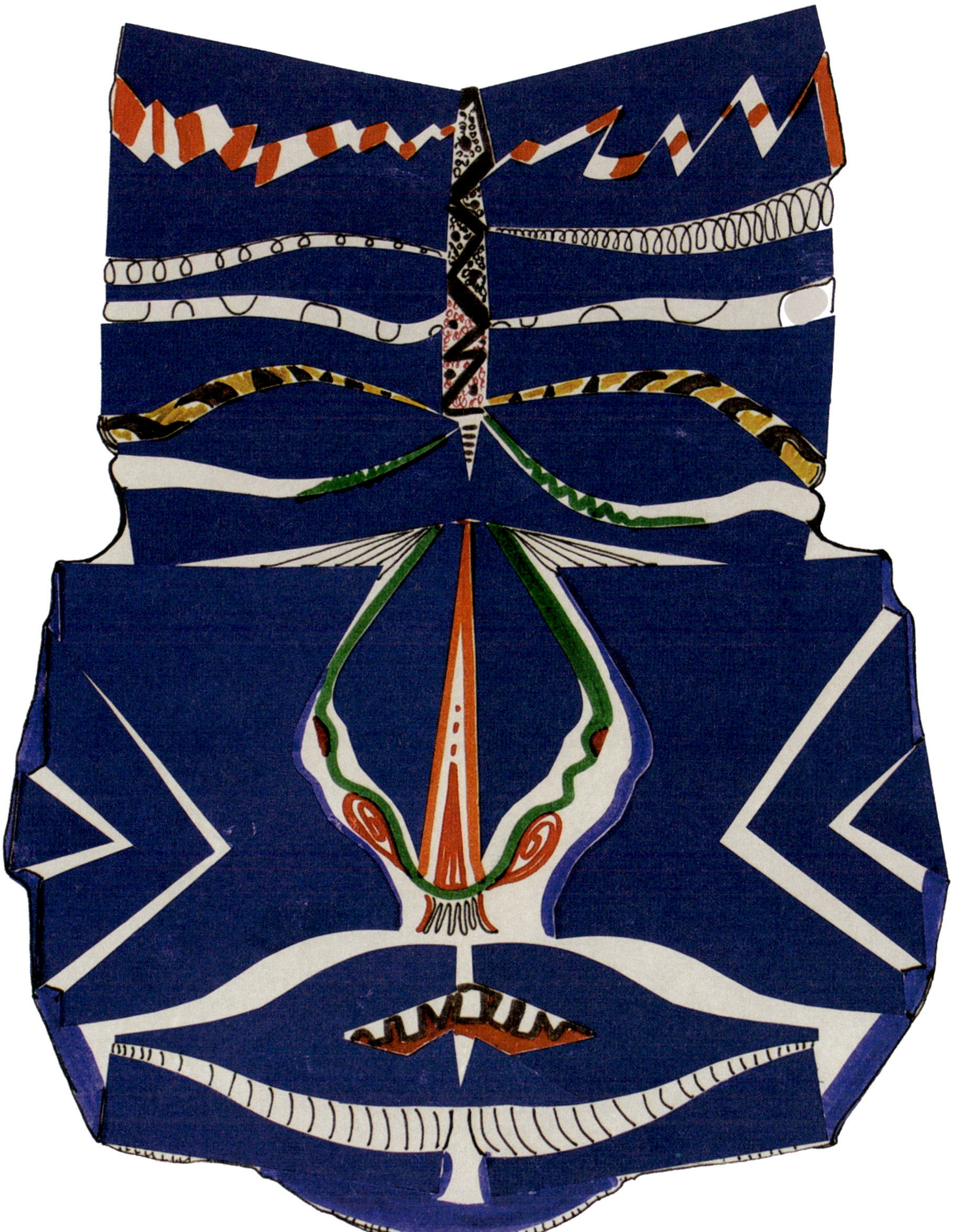

Schülerarbeit

Masken aus Ozeanien und Afrika (5/6)

Beispiel

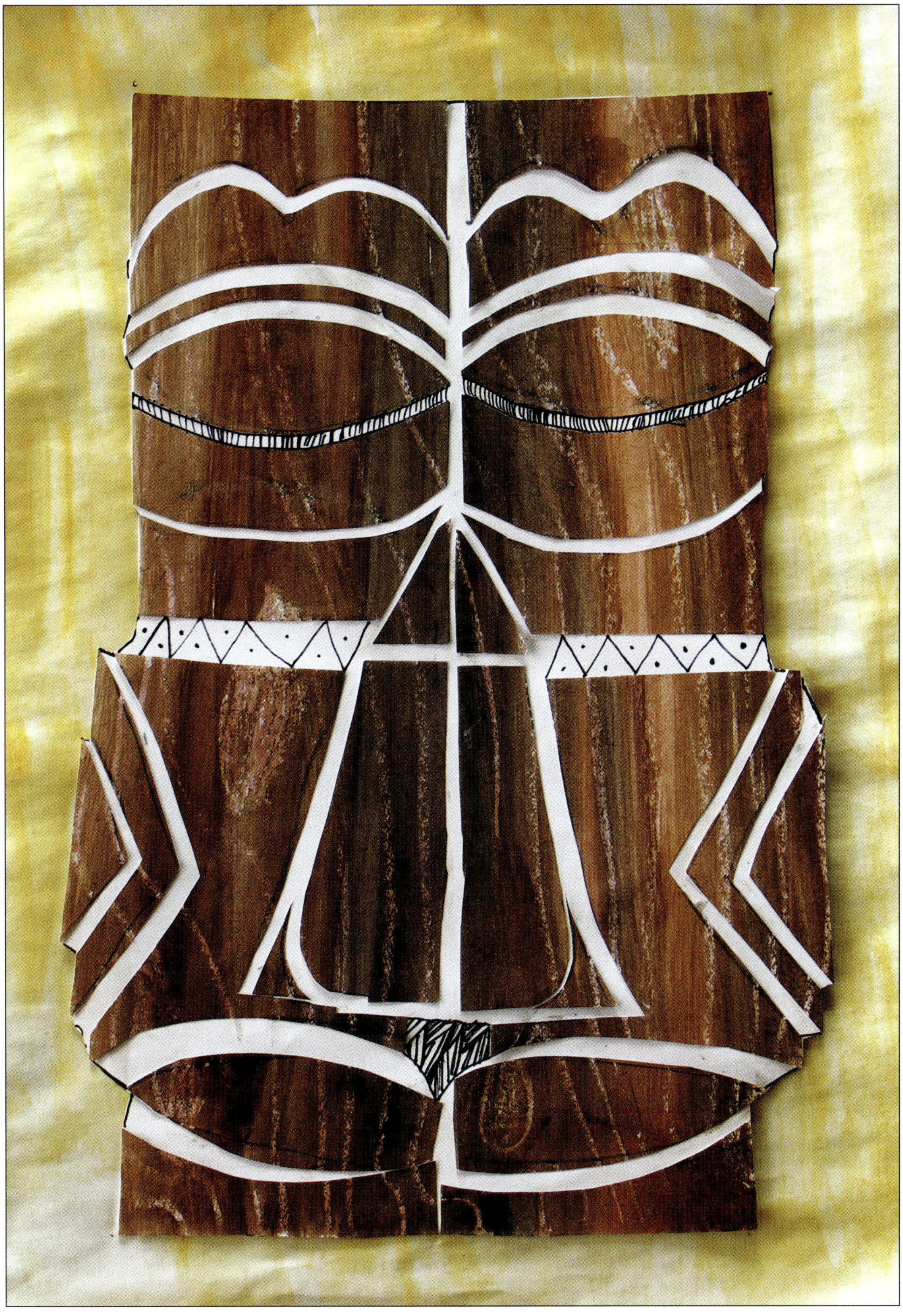

Schülerarbeit

Masken aus Ozeanien und Afrika (6/6)

Beispiel

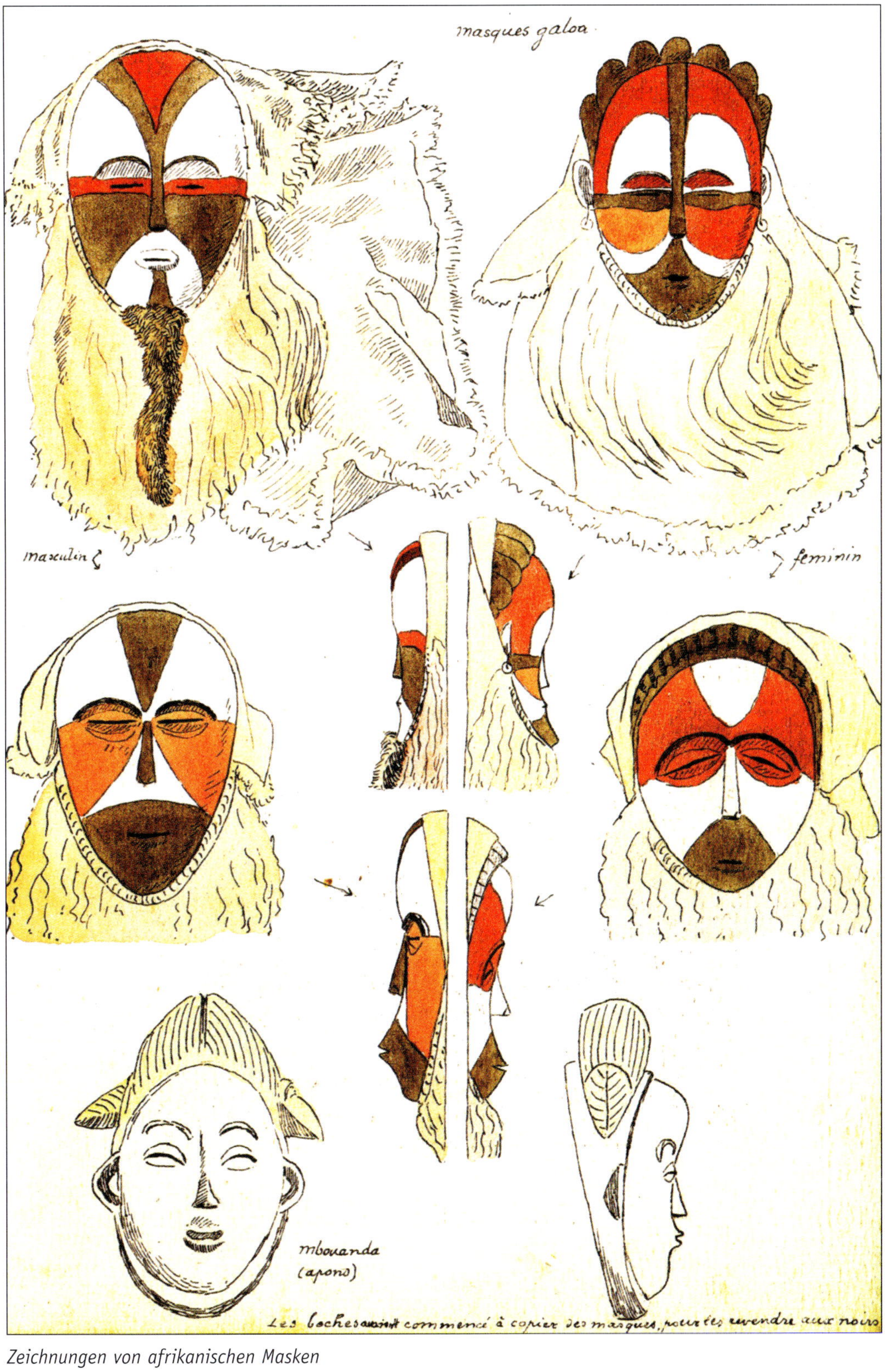

Zeichnungen von afrikanischen Masken

© Verlag an der Ruhr — Postfach 10 22 51 — 45422 Mülheim an der Ruhr — www.verlagruhr.de — ISBN 978-3-8346-0175-9

Ägyptische Wandmalerei (1/7)

Arbeitsblatt

Wer waren die Pharaonen?

Fast 3000 Jahre lang wurde Ägypten von Pharaonen regiert. Der Pharao war nicht nur oberster **Feldherr** und **Priester**, zu gewissen Zeiten galt er als höchstes Wesen und **Vermittler zwischen den Menschen und den Göttern**. Einen Teil seines Reichtums gab er für Bauwerke, Bildhauerei und andere Kunstformen aus. Da die Ägypter an ein Leben nach dem Tod glauten, beschäftigten sie sich bereits zu Lebzeiten mit der Ausgestaltung ihres Grabes. Der größte Aufwand wurde für die Pyramiden, die Gräber der Pharaonen, betrieben.

Die Farben der Ägypter

Jede Farbe hatte eine bestimmte **Bedeutung:**

______ bedeutete Wasser, ______ Pflanzen, ______ stand für männliche, ______ und ______ für weibliche Personen. Kleidungsstücke waren in der Regel ______. Alle Konturen wurden in ______ nachgezogen.

Male die Farben Braunrot, Hellgelb, Blau Zartrosa, Weiß, Schwarz und Grün passend in die kleinen Felder im Text. Verwende dazu Wasserfarben.

Die Schrift der Ägypter

Die Ägypter hatten eine Schrift entwickelt, die für jeden Laut ein eigenes **Zeichen (Hieroglyphe)** vorsah. Diese Zeichen konnten auch für Buchstaben oder Symbole stehen. In allen ägyptischen Tempeln und Gräbern findet man heute diese Hieroglyphen zusammen mit Bildern. Hier eine Auswahl der wichtigsten Zeichen:

Hieroglyphe	Bildbedeutung	Aussprache
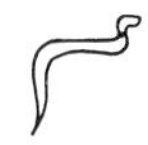	Kobra	dsch
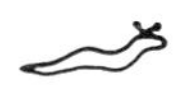	Viper	f
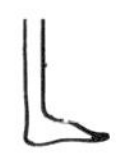	Bein	b
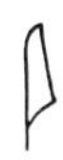	Schilfblatt	i
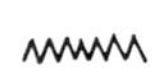	Wasser	n
	Brotlaib	t
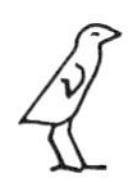	Wachtelküken	w oder u

Die unten abgebildete Kartusche (so werden die runden Schriftrahmen genannt) zeigt den Thronnamen des Pharaos Tut-Anch-Amun. Benenne die Zeichen daraus, die du dem obigen Teil des Alphabets entnehmen kannst.

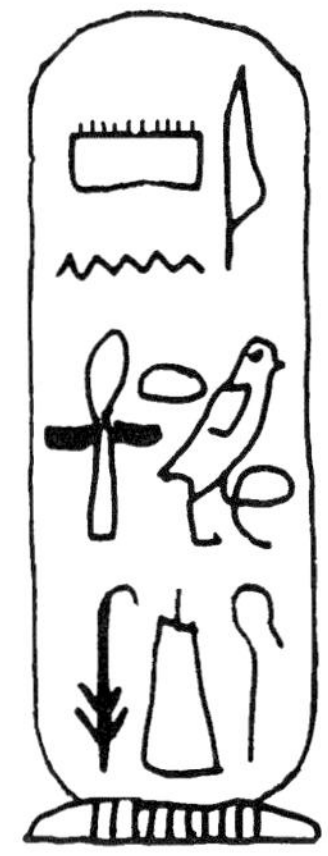

Weitere Zeichen des ägyptischen Hieroglyphen-Alphabets findest du, samt Erklärung, auf **www.hieroglyphen.de**

Ägyptische Wandmalerei (2/7)

Projektbeschreibung

Zeitaufwand 4–5 Doppelstunden

Material

- Weißes Zeichenpapier (DIN A3)
- Bleistift
- Radiergummi
- Filzstifte
- Malkasten
- Dünne und dicke Pinsel
- Lineal
- Umrisszeichnung einer Herrscherdarstellung (auf einem Thronsessel sitzend) im Rastergitter
- Abbildungen von Hieroglyphen (s. Arbeitsblatt)
- Leeres Rastergitter (ca. DIN A4)

Vorbereitung

Sieh dir Abbildungen von ägyptischer Kunst an, vor allem solche, auf denen Personen (Pharaonen, Priester, Arbeiter) zu sehen sind, z.B. auf **www.aegypteninfo.de/kunst.htm** oder auf der Seite des Römer- und Pelizaeus-Museums in Hildesheim, **www.rpmuseum.de/de/start/rpm.html** unter dem Stichwort „Altägypten".

So geht's

A) „Ägyptisches" Selbstporträt

1. Betrachte die **Rasterdarstellung** des sitzenden Pharao (s. Vorlage). Zähle genau ab (Länge und Breite!), wo sich folgende Punkte befinden: die höchste Stelle des Kopfes (Scheitel), das Kinn, die Schultern (sie sind normalerweise auf einer Linie), die Oberkante des Knies und die Fußsohlen. Übertrage nun diese Koordinaten exakt auf ein leeres, größeres Rasterblatt, indem du auch hier die Kästchen genau auszählst. Diese Vorarbeit ist wichtig, damit später die Proportionen stimmen.

2. Zeichne jetzt zuerst den **Thronsessel** ein. Achte darauf, dass er mindestens so breit ist wie der auf der Vorlage. Schmücke ihn aber noch nicht aus. Überlege auch, welche Form Rückenlehne und Beine (man sieht nur zwei!) haben sollen.

3. Zeichne dann dich selbst, wie du auf dem Thronsessel sitzt. Du musst dabei folgende **Vorgaben** beachten:
   a) Damit das Bild „ägyptisch" wirkt, wird der Körper in wechselnden Ansichten gezeigt: Der Kopf erscheint in Seitenansicht,

das Auge wird von vorne gesehen, der Oberkörper erscheint in Frontalansicht, die Arme sollen möglichst vom Körper abstehen, der Unterkörper ab der Hüfte erscheint zur Seite gedreht, die Beine wiederum sind von der Seite zu sehen, die Füße stehen geschlossen hintereinander und werden von der Seite gezeigt.

b) Damit es ein **Selbstporträt** wird, zeichnest du dich auf moderne, nicht altägyptische Art. Das Gesicht bekommt deine ganz persönlichen Gesichtszüge (aber ein „ägyptisches“ Auge!).

Zeichne dich mit deiner aktuellen Frisur und entwirf moderne Kleidung und Schuhe. In der Hand hältst du einen Gegenstand, der charakteristisch für dich ist. Natürlich kannst du dich auch mit einigen Abzeichen eines Pharao darstellen (Perücke, Prunkkragen ...). Die Darstellung soll originell und „verfremdet“ wirken.

SO GEHT'S

B) Anlegen des Hintergrundes

1. Nimm weißes Zeichenpapier (Format DIN A3).
2. Vermische Ocker aus deinem Malkasten mit sehr viel Wasser und töne die ganze Fläche mit kreisenden Bewegungen ab. Kleine Unregelmäßigkeiten, wie gelbe und braune Flecken, sind als „antike“ Effekte erwünscht!
3. Lasse das Blatt gut durchtrocknen. Sollte es sich zu sehr gewellt haben, rolle es nach dem Trocknen leicht „gegen den Strich“.

SO GEHT'S

C) Gestalten der Bildkomposition

Übertragen des Selbstporträts auf den fertigen Hintergrund

Dazu legst du die bereits angefertigte Rasterskizze unter das abgetönte Zeichenblatt, und zwar so, dass sie unter der linken Blatthälfte liegt. Verschiebe sie so lange, bis du die gewünschte Position gefunden hast. Kräftige Bleistiftstriche scheinen jetzt durch und brauchen nur noch nachgezogen werden.

TiPP: Du kannst auch beide Blätter gegen eine Fensterscheibe drücken und die Skizze so durchpausen.

Ägyptische Wandmalerei (4/7)

Projektbeschreibung

Bearbeitung der restlichen Bildfläche

1. Deute mit Lineal und Bleistift unter dem Thronsessel eine Bodenplatte, ein Postament oder Stufen an.
2. Teile die restliche Fläche in ein bis zwei „Etagen" ein, wo später Figurengruppen oder Schriftzeichen nebeneinander stehen werden.
3. Reserviere eventuell Platz für eine Kartusche, in die du einen Namen in Hieroglyphen schreiben kannst.

Ausarbeitung der Details

1. Wähle ägyptische Darstellungen von Tieren, Menschen oder Schriftzeichen (s. Arbeitsblatt) aus, die du übernehmen möchtest. Pause aber nichts durch, sondern versuche, sie frei Hand zu kopieren. Beachte, dass sie natürlich viel kleiner sind als dein Selbstporträt.
2. Verwende Hieroglyphen als dekorative Elemente. Vielleicht kannst du mit Hilfe des ägyptischen Alphabets einen kleinen Text verfassen oder deinen eigenen Namen, wie den eines Pharao, in einer Kartusche darstellen.
3. Gestalte auch den Thronsessel und den Sockel mit Ornamenten aus.

Farben

1. Für größere Flächen benutzt du deinen Malkasten. Versuche mit folgenden Farben und ihren Mischungen zu arbeiten: Ocker (Sand der Wüste), Deckweiß (Kreidegestein), Braunrot (Hautfarbe für männliche Figuren), Hellgelb oder Zartrosa (Hautfarbe für weibliche Figuren), Blau (Wasser), Grün (Pflanzen), Schwarz (für die Umrandungen der Figuren).
2. Feinere Einzelheiten arbeitest du mit Filzstiften aus. Achte aber darauf, möglichst nur die oben genannten Farben zu verwenden.

Ägyptische Wandmalerei (5/7)

Vorlage

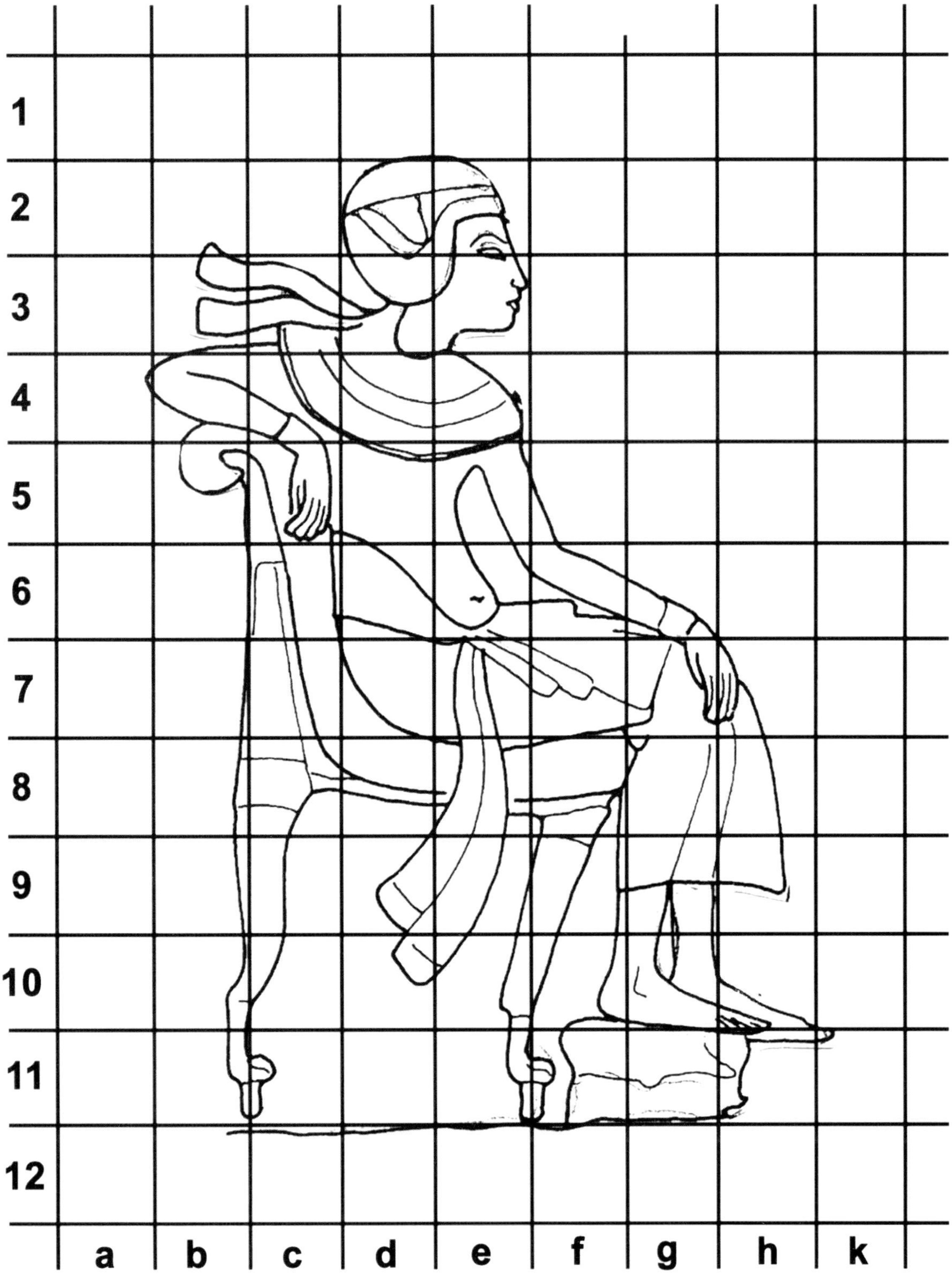

Rastergitter mit sitzendem Pharao

Ägyptische Wandmalerei (6/7)

Beispiel

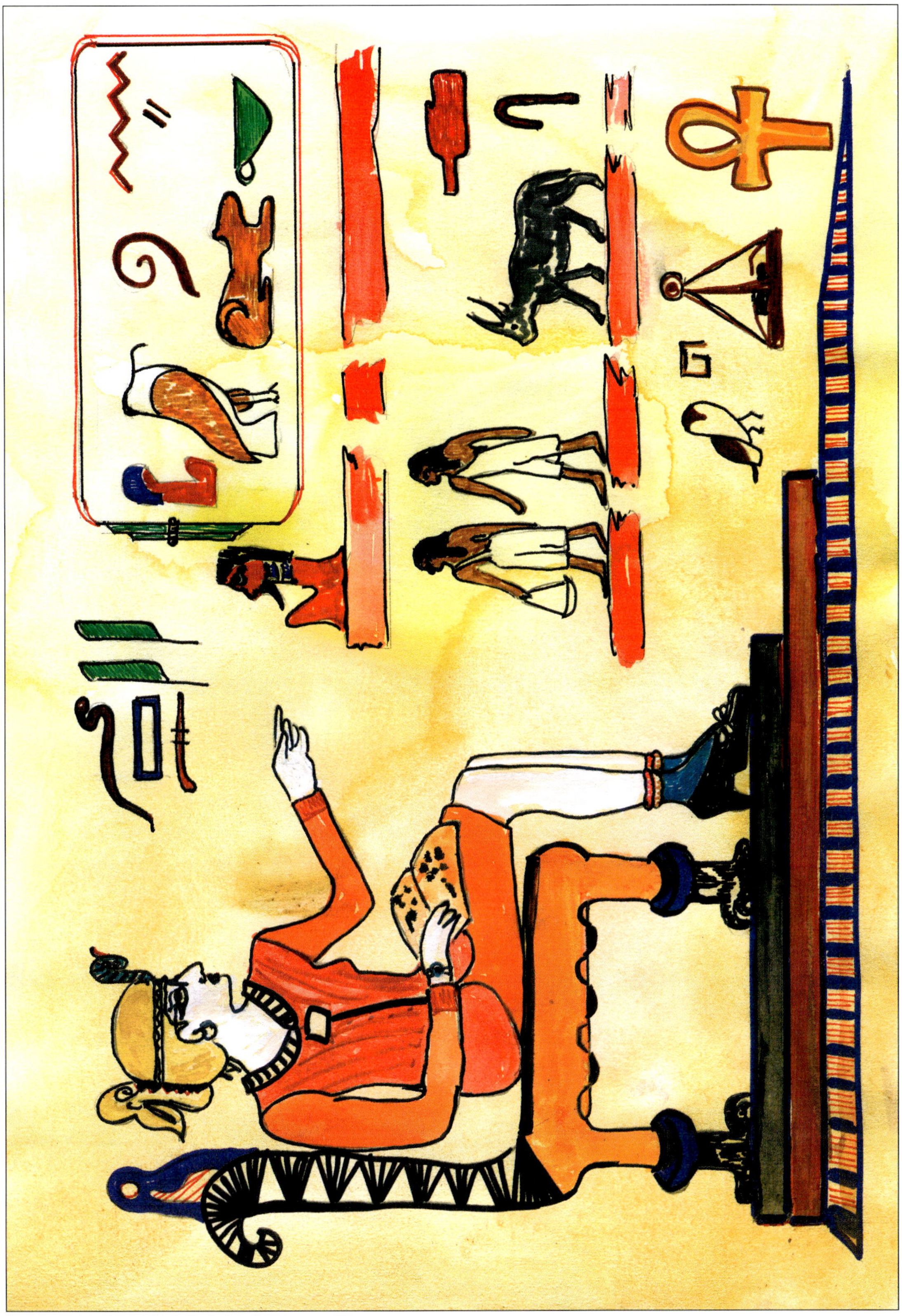

Selbstporträt einer Schülerin als Pharaonin

Ägyptische Wandmalerei (7/7)

Beispiel

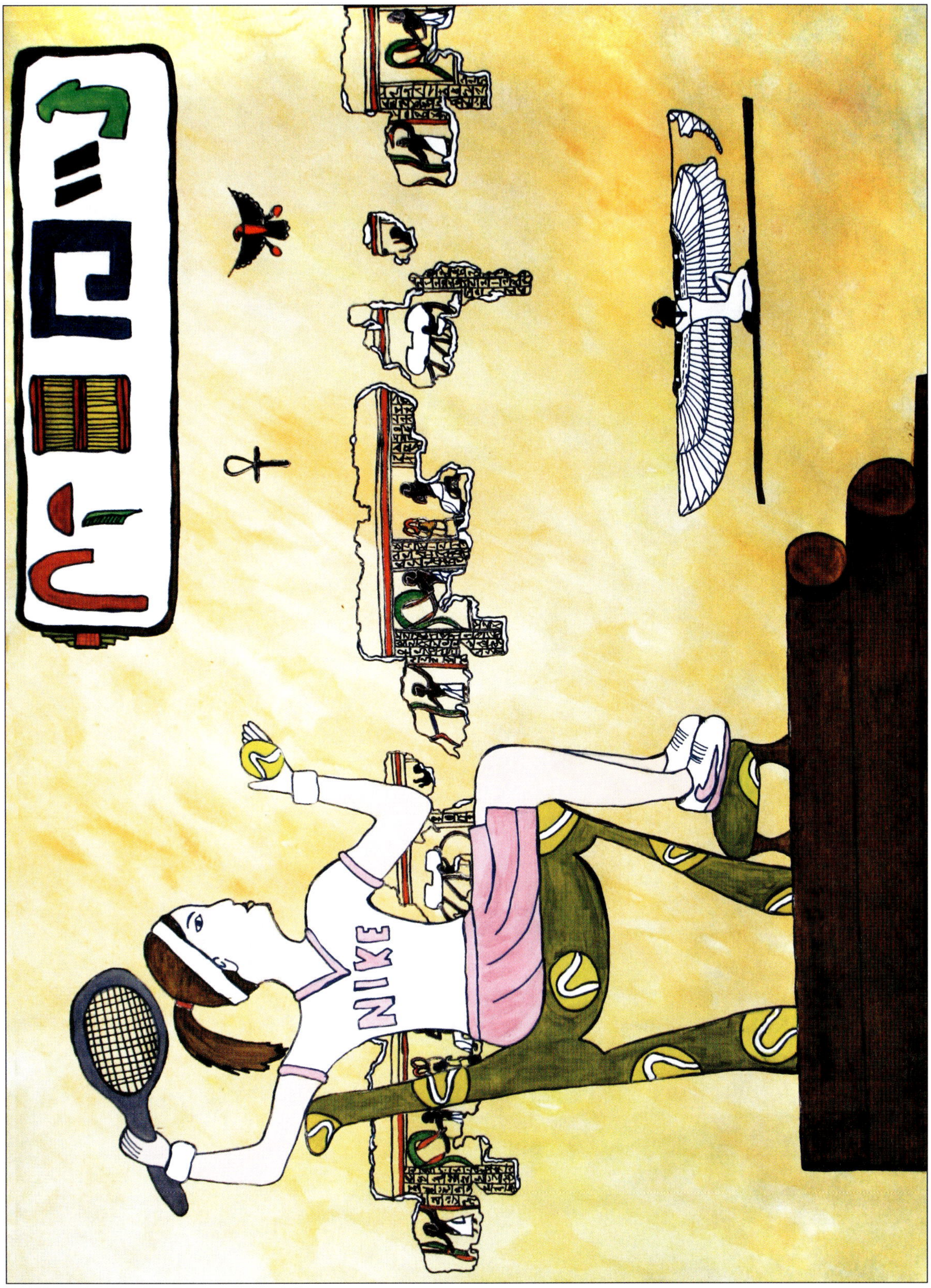

Schülerarbeit

Das Trojanische Pferd (1/6)

ARBEITSBLATT

Was war der Trojanische Krieg?

Der griechische Dichter **Homer** (8. Jahrhundert v. Chr.) berichtet in seinem Werk „Ilias" von der Eroberung Trojas durch die **Griechen**. Sehr wahrscheinlich hat es weder den Krieg noch das Trojanische Pferd je gegeben. Dennoch wurde die Sage weltbekannt. Die Entführung der schönen Helena – verheiratet mit dem König des griechischen Sparta – durch den Trojanischen Prinzen Paris hatte den Krieg ausgelöst.

Nachdem die Griechen im Trojanischen Krieg lange erfolglos um Troja gekämpft hatten, riet ihnen ein Seher, die Stadt mit Hilfe einer ***List*** *zu erobern. Im zehnten Kriegsjahr schmiedeten sie den Plan, Soldaten im Inneren eines großes* ***Holzpferdes*** *in die Stadt zu schmuggeln. Das Pferd baute ein heldenhafter Grieche, dem die Göttin Pallas Athene selbst im Traum den Auftrag dazu erteilt hatte. Mit Athenes Hilfe schaffte er es, sein Kunstwerk innerhalb von drei Tagen fertigzustellen. Anschließend begannen die Griechen mit der Umsetzung ihrer List: Ihre Armee, die Troja jahrelang belagert hatte, täuschte den* ***Abzug*** *vor. Anschließend holten die Trojaner das Pferd trotz Warnungen in die Stadt, da sie es für ein Abschiedsgeschenk der Griechen an deren Unterstützer, den Meeresgott* ***Poseidon****, hielten. Dieser Gott war ihr Feind, und mit dem Pferd in ihrem Besitz wollten sie ihn demütigen. Einige Trojaner vermuteten aber tatsächlich Griechen im Inneren des Pferdes und versuchten, sie durch eine List herauszulocken – allerdings vergeblich. So blieb das vermeintliche Götter-Geschenk vor einem Tempel im Inneren der Stadt stehen. In der Nacht krochen die Soldaten aus dem Bauch des Pferdes und öffneten die Stadttore. Die Griechen, die in der Nacht zurückgekehrt waren, konnten nun ungehindert in die Stadt eindringen und sie* ***zerstören****. Durch diese List wurde Troja nach zehn Jahren erfolgloser Belagerung erobert.*

Vergleiche die beiden Abbildungen einer Rekonstruktion des Trojanischen Pferdes. Was haben sie gemeinsam, was unterscheidet sie?

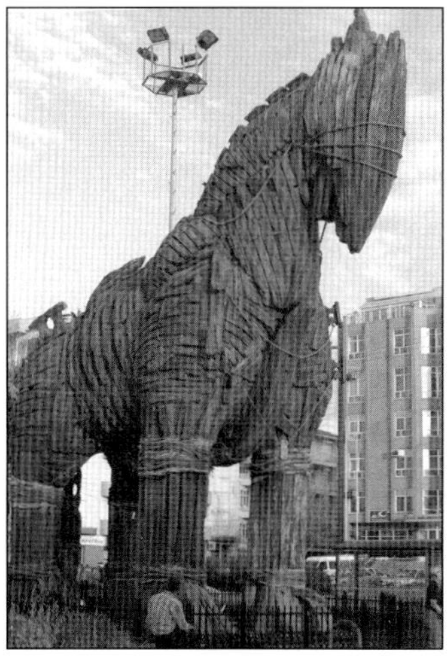

Rekonstruktion für den Film „Troja"

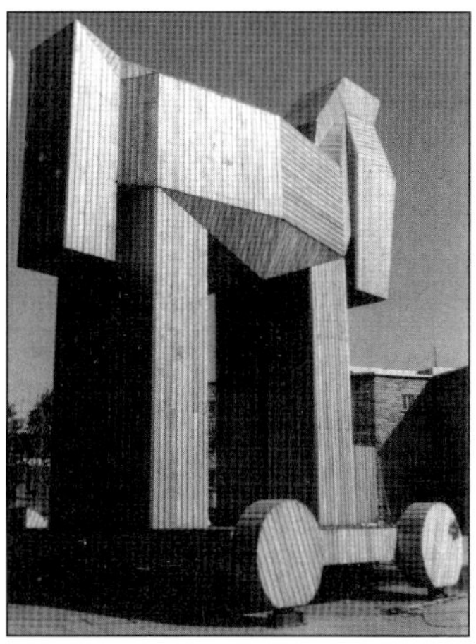

Rekonstruktion für eine Ausstellung in Stuttgart

Lies den Text links und beantworte die folgenden Fragen. Schreibe die Antworten in dein Heft.

1. **Aus welchem Anlass bauten die Griechen das Trojanische Pferd?**
2. **Warum holten die Trojaner das Pferd in die Stadt?**
3. **Was passierte in der Nacht nach dem ersten Abzug der Griechen?**

Das Trojanische Pferd (2/6)

Projektbeschreibung

Zeitaufwand 4–5 Doppelstunden

Material

- Zeichenpapier DIN A3, weißes Transparent- oder Butterbrotpapier
- Skizzenpapier, Bleistift, Radiergummi, Lineal
- Fineliner (schwarz), schwarzer Wachsmalstift
- Klebestift, Schere
- Darstellungen von Menschen in der griechischen Kunst (s. z. B. auf **www.khm.at/system2.html?/static/page20.html**)
- Vorlage mit Kopfoval als Maßeinheit

So geht's

A) Die Helden

1. **Das Kopfoval als Maßeinheit für Körperproportionen (s. Vorlage)**
   Entwickle auf einem Skizzenblatt mit Bleistift die Proportionen des Körpers aus dem Kopfoval und verändere die Körperhaltungen, indem du die Körperteile an den Gelenkstellen verschiebst oder abwinkelst (s. Vorlage). Versuche, folgende **Körperhaltungen** darzustellen: Stehen, Laufen, Knien, Klettern, Kriechen, Angreifen.
2. **Ausfüllen der Skizze**
   Versuche, auf deinem Skizzenblatt „griechische" Gesichtszüge, Arm- und Beinmuskeln, Hände sowie einen Panzer und Helm **über** die bereits gezeichneten Körperschablonen zu legen. Radiere dann die Hilfslinien, die du nicht mehr brauchst, weg.

So geht's

B) Das Pferd

1. Das Pferd ist aus geometrischen Formen aufgebaut. Da es sich meist um **Rechtecke** handelt, kannst du mit Lineal und Bleistift arbeiten.
2. Beginne zunächst mit einem großen Rechteck als Pferdekörper. Füge Hals und Kopf an. Die Mähne kannst du als Kreissegment gestalten.
3. Bevor du die Beine (man sieht nur zwei!) und den Schwanz ebenfalls als längere Rechtecke zeichnest, prüfe, ob dein Pferd die Bildfläche (Querformat) gut ausnützt.
4. In die Mitte des Pferdekörpers setzt du ein großes Rechteck als Öffnung, aus der die Krieger steigen.
5. Das Pferd steht auf einer dicken Bodenplatte und kann auf Rädern wegbewegt werden.

Das Trojanische Pferd (3/6)

PROJEKTBESCHREIBUNG

6. Die eckigen Formen werden beibehalten, damit dein Pferd wie aus Holz gezimmert aussieht.
7. Arbeite mit Bleistift, damit du die Linien ausradieren kannst.

SO GEHT'S

C) Die Bildkomposition

1. Zeichne jetzt vor und neben das Pferd griechische Helden in verschiedenen Körperhaltungen. Beginne mit denen, die in erster Reihe stehen und **ganz** zu sehen sind.
2. Staffle dahinter weitere Krieger in verschiedenen Haltungen. Sie können auch auf dem Pferd sitzen oder aus dem Bauch des Pferdes kriechen.
3. Arbeite mit Hilfslinien, wie oben beschrieben, und radiere dann alle Linien, die nicht mehr gebraucht werden, aus.

SO GEHT'S

D) Grafische Ausarbeitung

1. Ziehe alle Bleistiftlinien mit dünnem schwarzen Filzstift nach.
2. Kleinere Details, wie Locken und Verzierungen an der Rüstung, kannst du jetzt ohne Vorzeichnung gleich einarbeiten.

SO GEHT'S

E) Fertigstellen des Pferdes

1. Nimm ein Stück Transparent- oder Butterbrotpapier und einen schwarzen Wachsmalstift. Lege das Papier auf einen Untergrund mit stark hervortretenden Strukturen (Schuhsohle, Münzen, Gitter, rauer Wandputz ...) und reibe die Muster kräftig durch (dieses Verfahren nennt man **Frottage-Technik**).
2. Schneide rechteckige Formen aus, die kleiner als die Grundformen deines vorgezeichneten Pferdes sind. Klebe sie auf den Pferdekörper. Dabei können auch kleine Teile unbedeckt bleiben. Versuche, möglichst viele verschiedene Strukturen zu verwenden.
3. Versieh die unbearbeiteten Binnenflächen des Pferdekörpers mit kleinen **Parallelstrichen**. Wechsle für jede Fläche die Strichrichtung.
4. Ziehe alle Umrisslinien des Pferdes nach.

Das Trojanische Pferd (4/6)

BEISPIEL

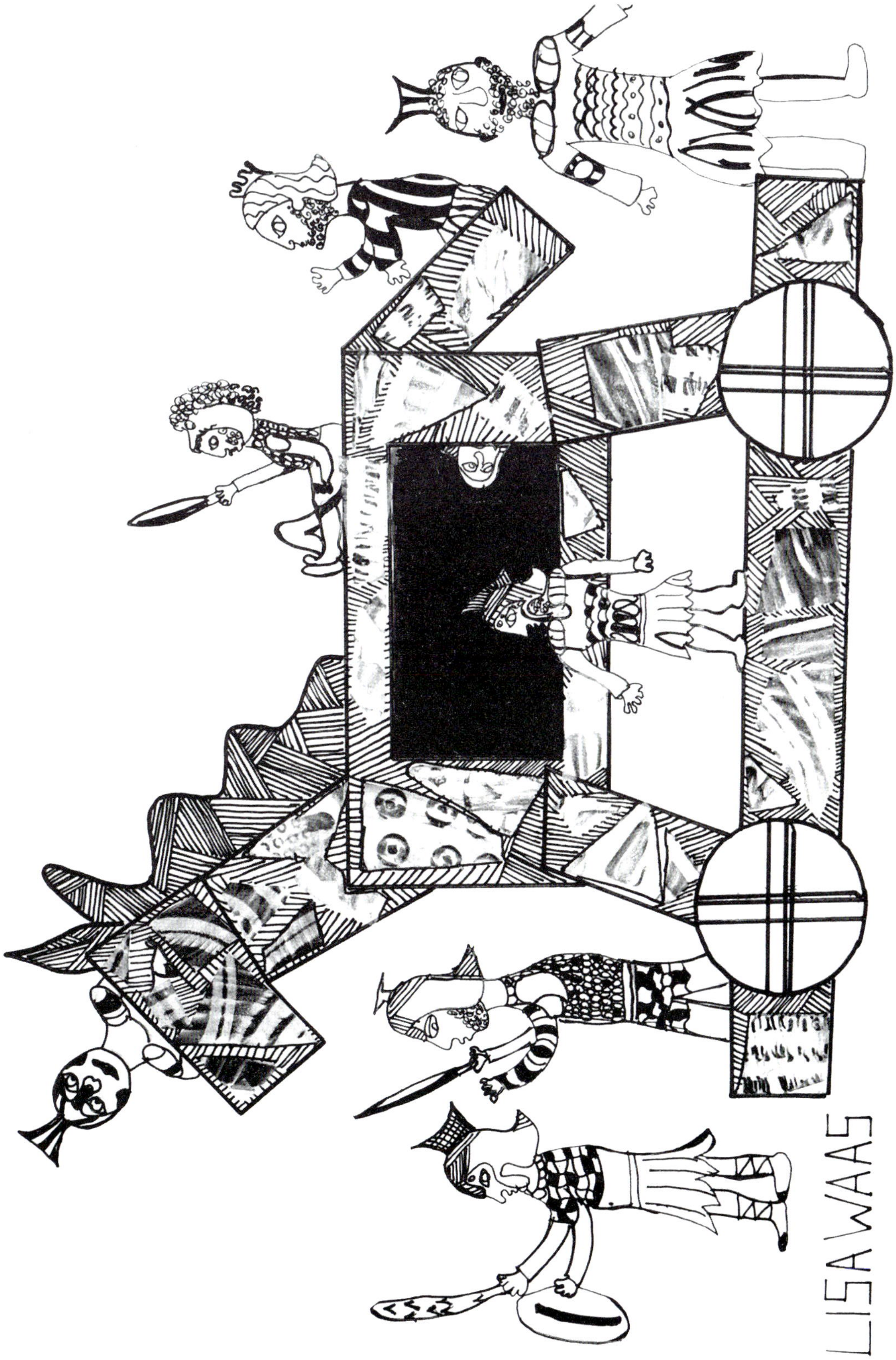

Schülerarbeit

Das Trojanische Pferd (5/6)

Vorlage

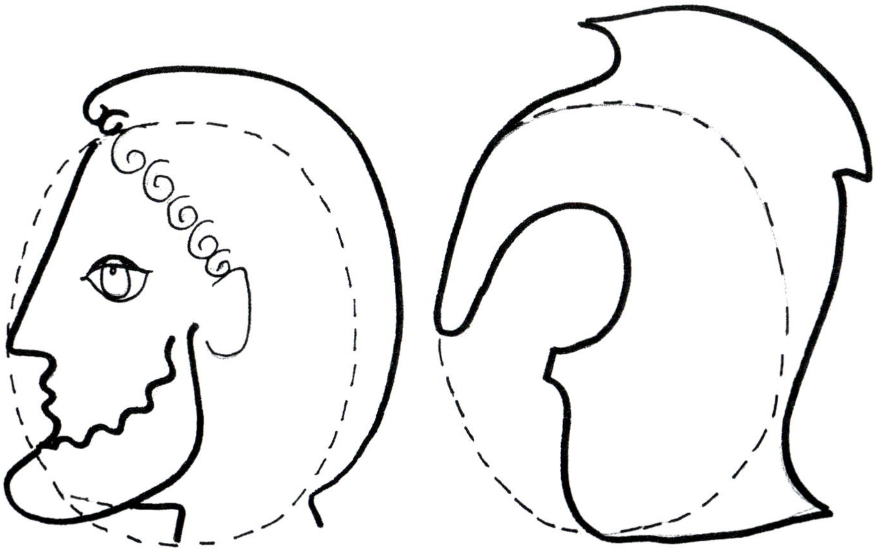

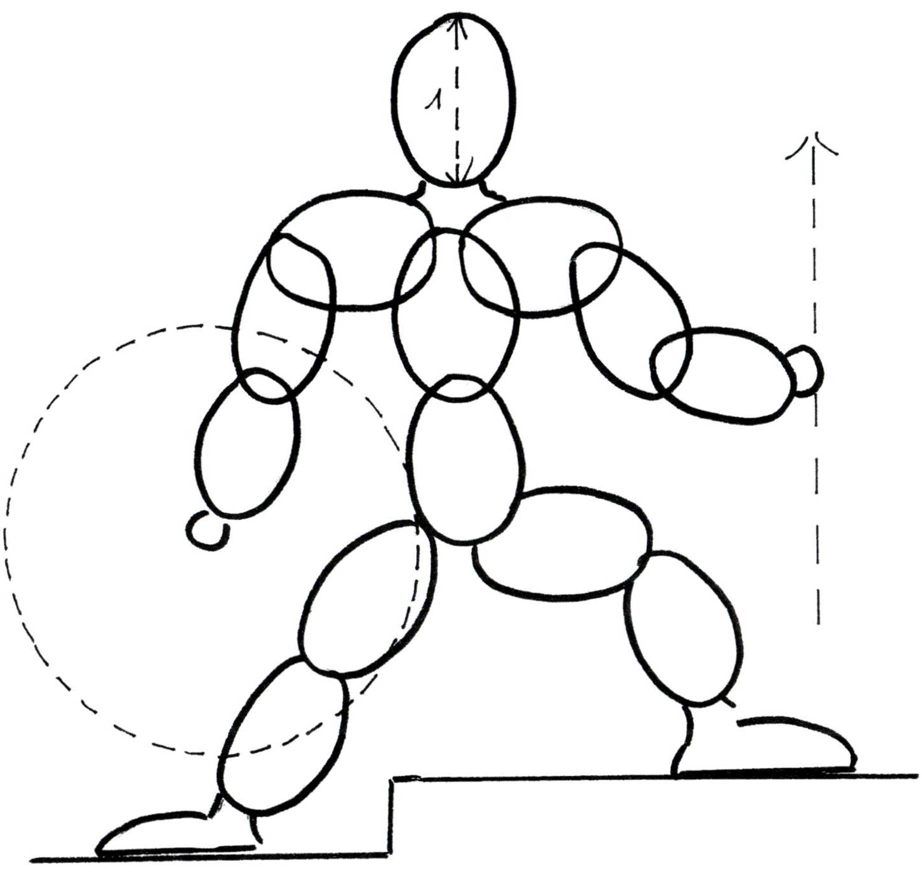

Kopfoval als Maßeinheit

Das Trojanische Pferd (6/6)

VORLAGE

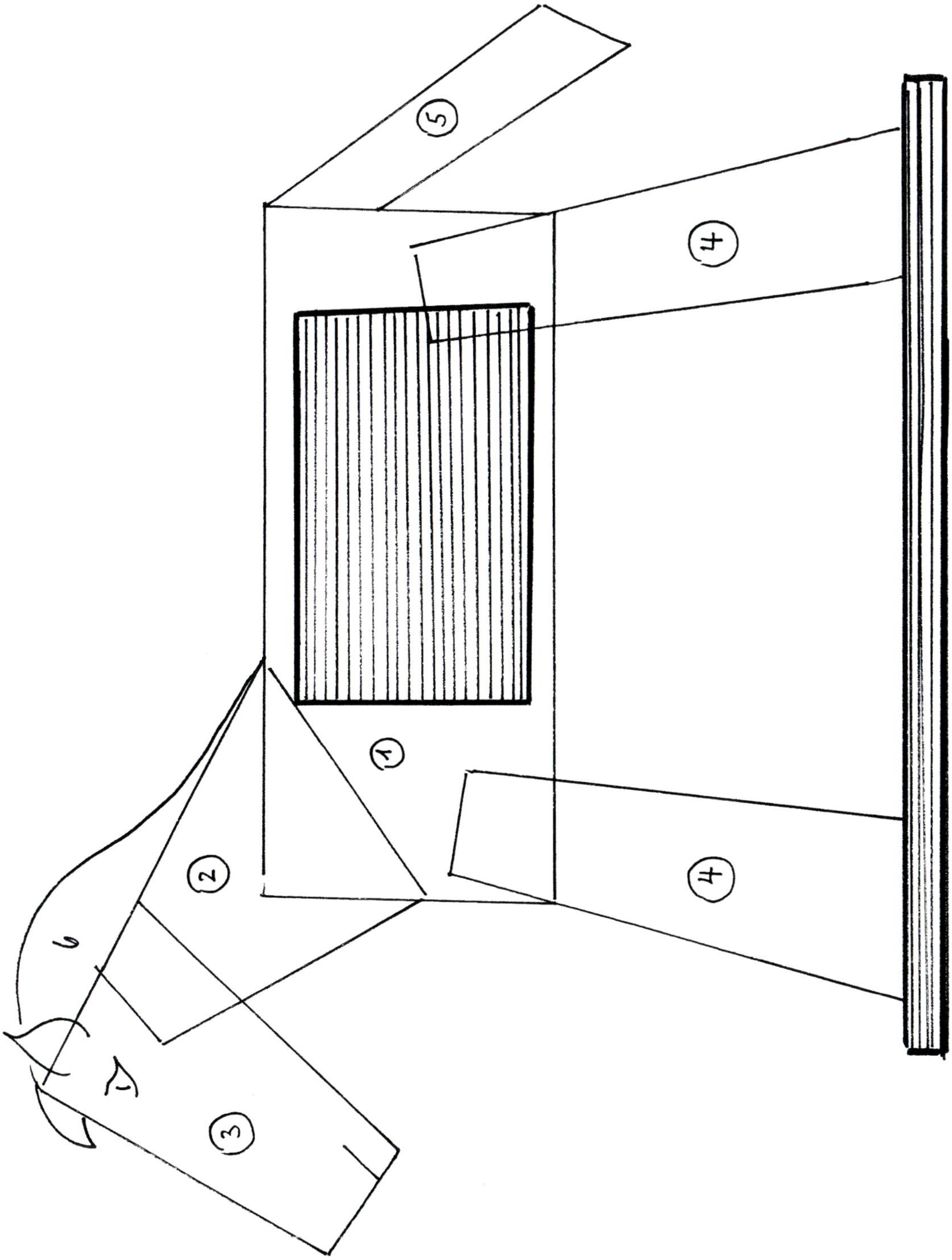

Schematische Darstellung des Aufbaus

Griechische Vasen in einer Vitrine (1/5)

ARBEITSBLATT

Wie wurden griechische Vasen hergestellt?

In der griechischen Antike dienten Vasen verschiedenen Zwecken und waren oft reich verziert. Die Beliebtheit mancher Formen wandelte sich ständig: Manche wurden nur zu bestimmten Zeiten verwendet, kamen dann außer Mode, wieder andere wurden erst im Laufe der Zeit entwickelt. Deshalb kann das **Alter** antiker Vasen heute oft nach ihrer Form, Verzierung und Bemalung bestimmt werden. Allen Vasen gemeinsam war die Art der **Herstellung**:

Der folgende Text beschreibt die Entstehung einer griechischen Vase. Bringe die Sätze in die richtige Reihenfolge, indem du die Nummern in die Kästchen einträgst.

- ☐ Ob die Arbeit des Malers erfolgreich gewesen war, stellte sich erst nach dem Brand heraus.
- ☐ Die Feinheiten wurden anschließend aus dem Schlicker* herausgeritzt.
- ☐ Dann wurden die Bilder, z. B. Figuren aus Sagen, Götter oder Alltagsszenen, aus Tonschlicker und einem pinselähnlichen Instrument aufgetragen.
- ☐ Für weitere Detailzeichnungen wurden zusätzliche Erdfarben verwendet – Weiß für die Darstellung von Frauenhaut, Rot und Weiß für Ornamente, Gewänder, Haare, Details von Waffen und anderes Gerät.
- ☐ Der Tonschlicker wurde nach dem Brennen schwarz, der Ton rot.
- ☐ Nachdem eine Vase getöpfert war, wurde sie zunächst getrocknet und anschließend mit Tonschlicker bemalt.

***Tonschlicker:** weicher, eingefärbter Tonbrei

Welche Vasenformen gab es?

Jede Vasenform hatte ihren eigenen Namen; die bekannteste ist heute wohl die **Amphore** (Krug mit zwei Henkeln und Deckel, meist aus Ton). Amphoren wurden als Speicher- und Transportgefäße für Öl und Wein und auch als Behälter für die Asche von Toten verwendet. **Kerameikos** ist eine der bedeutendsten und größten Töpferwerkstätten der Antike. Sie befand sich außerhalb der Stadtmauern Athens. Dort arbeiteten über Jahrhunderte lang Kerameis (griech. *Töpfer*) an ihren Gefäßen.

Sieh dir die Abbildungen der Vasen an und ordne ihnen eine Beschreibung zu, indem du die Buchstaben in die Kästchen setzt.

A **Alabastron:**
enthielt Salben und Duftstoffe und wurde v.a. von Frauen verwendet.

B **Loutrophoros:**
diente zur Aufbewahrung von Wasser während des Hochzeitsrituals.

C **Lekythos:**
diente der Aufbewahrung von Olivenöl, das den Toten ins Grab gelegt wurde.

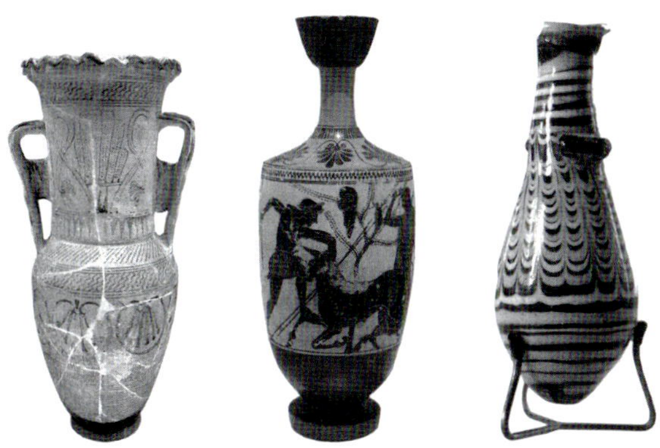

☐ ☐ ☐

© Verlag an der Ruhr — Postfach 102251 — 45422 Mülheim an der Ruhr — www.verlagruhr.de — ISBN 978-3-8346-0175-9

Griechische Vasen in einer Vitrine (2/5)

PROJEKTBESCHREIBUNG

ZEITAUFWAND 2–3 Doppelstunden

MATERIAL

- Weißes Zeichenpapier DIN A3 (als Hintergrund)
- Papier in Braun, Weiß, Schwarz, Grau, Ocker, Rotbraun (z. B. Packpapier, Zeitungspapier, Tonpapier)
- Kopien von Abbildungen griechischer Kunst (zum Einfärben und Zerschneiden)
- Einige Bogen schwarzes Tonpapier (DIN A3)
- Papierschneidegerät
- Schere
- Dünner schwarzer Filzstift
- Malkasten, Pinsel
- Klebestift

SO GEHT'S

A) Vasen entwerfen

1. **Vorbereiten des Papiers**
   Lege verschiedenfarbige Papiersorten vor dich hin: Packpapier, Zeitungspapier, Tonpapier in Braun, Schwarz, Grau, Ocker und Rotbraun. Du kannst noch zusätzlich weißes Papier mit passenden Wasserfarben aus dem Malkasten abtönen.

2. **Entwerfen und Ausschneiden**
   Zeichne jetzt verschiedene Vasen- und Gefäßformen auf. Damit deine Vase symmetrisch wird, knickst du das entsprechende Papierstück in der Mitte durch und zeichnest nur eine Hälfte auf, wobei die Knickkante die Mitte deiner Vase darstellt (s. Vorlage, Abb. 1). Denke auch daran, Standplatten, Henkel, Ausguss- und Einfüllöffnungen anzubringen. Schneide die vorgezeichneten Formen doppelt aus.

3. **Anordnen**
   Lege die verschiedenen Formen auf ein weißes Zeichenblatt (DIN A3) und verschiebe sie so, dass einige Gefäße einzeln dastehen, andere hintereinander gestaffelt erscheinen.

TiPP: Sollte eine Vase zu ausladend geraten sein, klappe sie wieder an der Knickkante zusammen und schneide ein Stück des Umfanges ab. Du kannst auch eine unregelmäßige Risskante anlegen und eine Hälfte über die andere schieben (s. Vorlage, Abb. 2).

Griechische Vasen in einer Vitrine (3/5)

PROJEKTBESCHREIBUNG

4. Volumen andeuten
Schneide aus andersfarbigem Papier dünne, spitz zulaufende, gebogene Formen (Symmetrieschnitt!) und klebe sie so auf deine Vase, dass sie wie Rillen oder Formstriche erscheinen. Du kannst auch versuchen, diese Details gleich über die Knickkante mit auszuschneiden. Dann erscheinen diese Einzelheiten allerdings in der Farbe des Hintergrundes (weiß). Sie können später mit Farbe aus dem Malkasten abgetönt werden (s. Vorlage, Abb. 3). Bringe mit Pinsel und Wasserfarben auch zarte Schattenpartien innerhalb und außerhalb der Vasen an.

5. Verzieren
Töne gerissene Kanten innerhalb der Vasen mit Pinsel und Farbe ab, damit sie wirklich wie Sprünge aussehen. Klebe Wülste und Noppen aus andersfarbigem Papier auf. Zeichne mit dünnem Filzstift griechische Muster ein.

SO GEHT'S

B) Eine Vitrine gestalten

1. Schneide mit Hilfe eines Papierschneidegeräts schmale, verschieden breite Streifen aus schwarzem Tonpapier zu.
2. Lege sie so **über** dein Bild, dass man die Gefäße wie durch eine unterteilte Glasscheibe sieht. Du kannst auch einen dickeren Rahmen aufkleben. Die Gefäße selbst sind auf keiner Standebene angeordnet.
3. Achte darauf, dass du nicht zu viele Unterteilungen anbringst, denn der harmonische Gesamteindruck der Vasenanordnung sollte erhalten bleiben.

Griechische Vasen in einer Vitrine (4/5)

VORLAGE

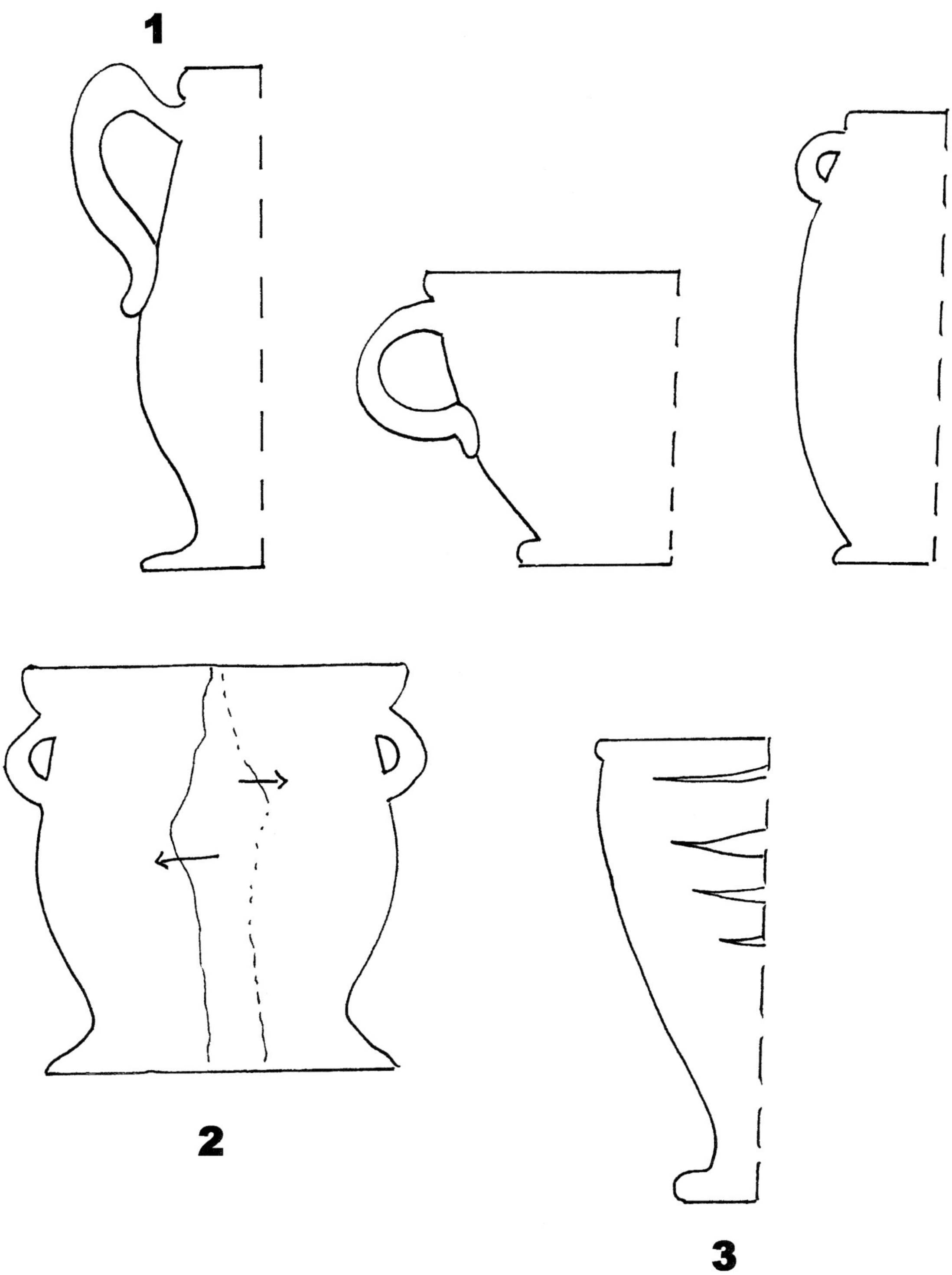

Beispiele für Symmetrieschnitte

 ISBN 978-3-8346-0175-9

Griechische Vasen in einer Vitrine (5/5)

Beispiel

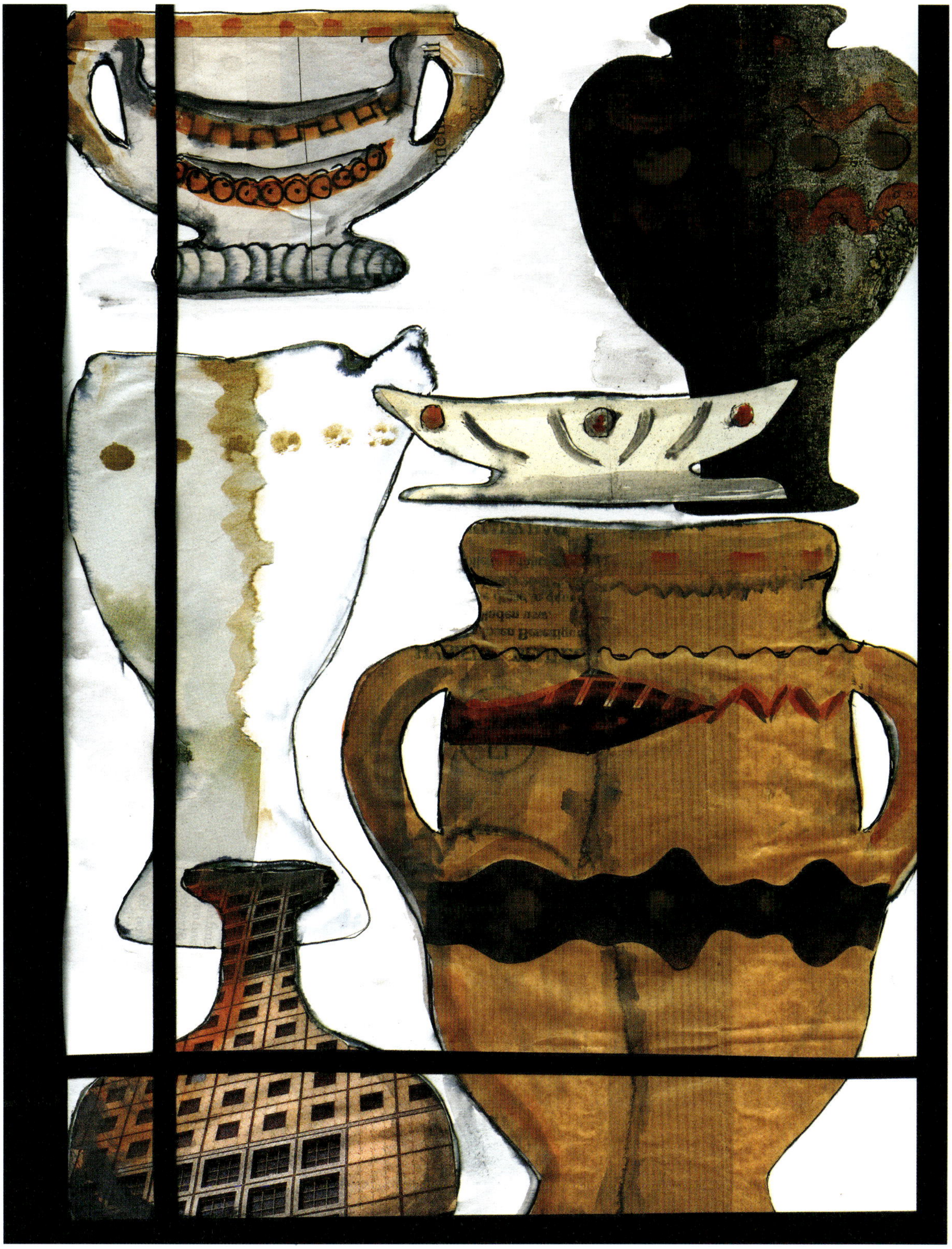

Schülerarbeit

Romanik und Gotik: Ungeheuer (1/5)

Arbeitsblatt

In der europäischen Kunst des Mittelalters wird die Zeit von 1000 bis 1200 **Romanik** genannt. Die Romanik orientierte sich stark an römischen Bauwerken – daher auch ihr Name. Beim Bau romanischer Kirchen gelang es zum ersten Mal nach der Antike, weite Räume mit Gewölben zu überspannen. Typisch für diesen Baustil sind Rundbögen, dicke, festungsartige Mauern mit kleinen Fenstern sowie so genannte **Würfelkapitelle** auf den Säulen. Die größte romanische Kirche in Deutschland ist der Dom zu Speyer.

Sieh dir das Foto des Doms zu Speyer an. Wie wirkt er auf dich? Welche typisch romanischen Stilelemente kannst du erkennen?

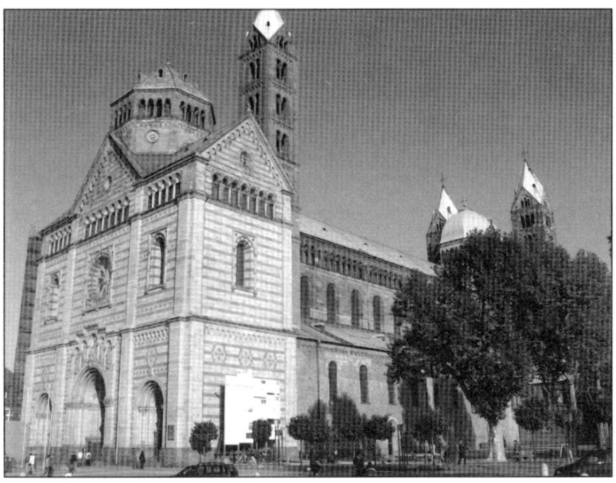

Der Dom zu Speyer

Das Würfelkapitell diente in der Romanik als Verbindungsstück zwischen dem Schaft einer Säule und dem aufliegenden Rundbogen. Es entsteht dadurch, dass ein Würfel und eine Kugel ineinandergesetzt werden.
Es vermittelt zwischen dem kreisförmigen Durchschnitt der Säule und der eckigen Platte, auf der der Rundbogen aufsetzt. Auf dem Kapitell wurden meist kämpfende Tiere dargestellt, die den Kampf zwischen Gut und Böse symbolisieren. Aber auch Mischwesen aus Mensch und Tier waren beliebt.

Die **Gotik** löste die Romanik um 1140 ab. In ihrer Reinform wurden ihre Stilelemente vor allem bei Gebäuden verwirklicht. Die **Kathedrale** wurde zum Gesamtkunstwerk des gotischen Mittelalters, das Architektur, Bildhauerei und (Glas-) Malerei in sich vereinte. Der Spitzbogen löste den romanischen Rundbogen ab. **Geometrische** Formen, wie Kreise und Bögen, bestimmten die Verzierungen z.B. von Fenstern.

Wasserspeier sind Rohre an Dächern, die das Regenwasser vom Gebäude wegleiten, damit es nicht ins Mauerwerk eindringt. Oft wurden sie mit aus Stein gemeißelten **Tierformen** verziert. In der Gotik verwendete man dafür häufig dämonische Gestalten oder Tiere mit symbolischer Bedeutung. Ihr dämonisches Aussehen sollte Geister vertreiben und somit Kirchen und Klöster vor bösen Mächten schützen.

Welche Bedeutung hatten die Tierdarstellungen
a) beim romanischen Würfelkapitell und
b) bei den gotischen Wasserspeiern?

Löse das Rätsel. Das Lösungswort ergibt den Namen einer Stadt mit einer berühmten gotischen Kathedrale.

1. _ _ _ _ _ (2. Buchstabe: 2, 5. Buchstabe: 1)
Name der Epoche, die die Romanik ablöste

2. _ _ _ _ _ _ _ _ (6. Buchstabe: 3, 7. Buchstabe: 4)
Name des Verbindungsstückes zwischen Kopf einer Säule und einem Rundbogen

3. _ _ _ _ _ _ _ _ _ (3. Buchstabe: 5)
Typisch romanisches Bauelement

Lösungswort: _ _ _ _ _ (1 2 3 4 5)

Romanik und Gotik: Ungeheuer (2/5)

PROJEKTBESCHREIBUNG

ZEITAUFWAND 2–3 Doppelstunden

MATERIAL

- Zeichenpapier DIN A3/DIN A4
- Schwarze Filzstifte und Fineliner in verschiedenen Strichstärken
- Bleistift, Radiergummi, Lineal
- Kopien von Abbildungen gotischer Wasserspeier (s. Beispiel)

SO GEHT'S

A) Würfelkapitell

1. Zeichne mit dem Lineal das obere Ende einer massiven Säule sowie die Tragplatte vor, auf der der Bogen ruhen wird. Für den Zwischenraum sollst du ein romanisches Würfelkapitell entwerfen. Deute seine Umrisse grob an: Es soll annähernd würfelförmig sein, die Ecken, die zum Säulenschaft zeigen, werden leicht abgeschrägt. Da du das Kapitell in Vorderansicht zeichnest, erscheint es als Quadrat mit abgeschrägten Ecken.

2. Zeichne nun in diese Fläche hinein (zunächst mit Bleistift) fantastische Tier-Wesen. Beachte folgende Hinweise: Deine Gestalten sollen die gesamte Fläche ausfüllen. Sie erscheinen verzerrt und können auch kämpfend ineinander verschlungen sein. Seitlich stehen kleine Auswölbungen über die vorgesehene Begrenzungslinie hinaus. Um einen reliefartigen Eindruck zu erzeugen, wird das, was aus dem Hintergrund heraustritt, mit folgenden Mitteln hervorgehoben: durch Ornamente (Verzierungen), Wiederaufnehmen von Umrisslinien, Formstrich, an- und abschwellende Linien.

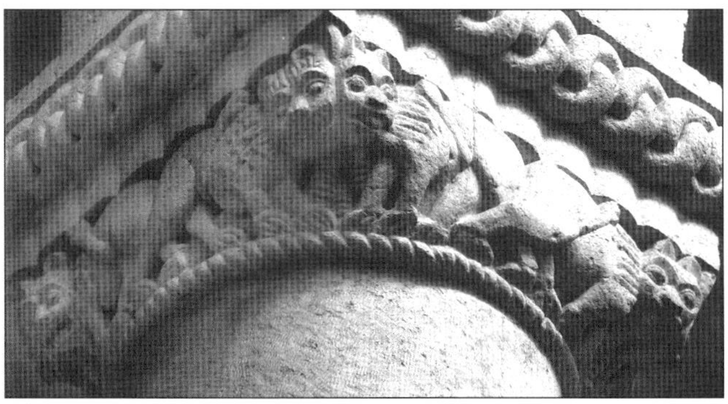

Romanisches Kapitell

3. Durch feine Schraffuren kennzeichnest du weiter „hinten" liegende Teile. Benutze dazu einen dünnen Filzstift oder Fineliner. Ziehe auch alle anderen Umrisslinien und Muster mit Filzstift nach.

Romanik und Gotik: Ungeheuer (3/5)

PROJEKTBESCHREIBUNG

SO GEHT'S

B) Wasserspeier

1. Lege als Erstes mit Bleistift und Lineal die Tiefe und Länge einer Dachrinne fest. An einer Seite soll sie sich leicht nach unten neigen.
2. Entwirf nun über dieses „Gerüst" ein Ungeheuer, aus dessen Maul das Wasser abfließen kann. Du kannst dein Monster dreidimensional und sehr plastisch, d.h. anschaulich und bildhaft, darstellen.
3. Verwende zusätzlich gotische Schmuckelemente (s. Vorlage).
4. Lege mit Filzstift Schraffuren für Schattenzonen an und ziehe alle Linien nach. Du kannst auch Unregelmäßigkeiten in der Steinoberfläche andeuten.

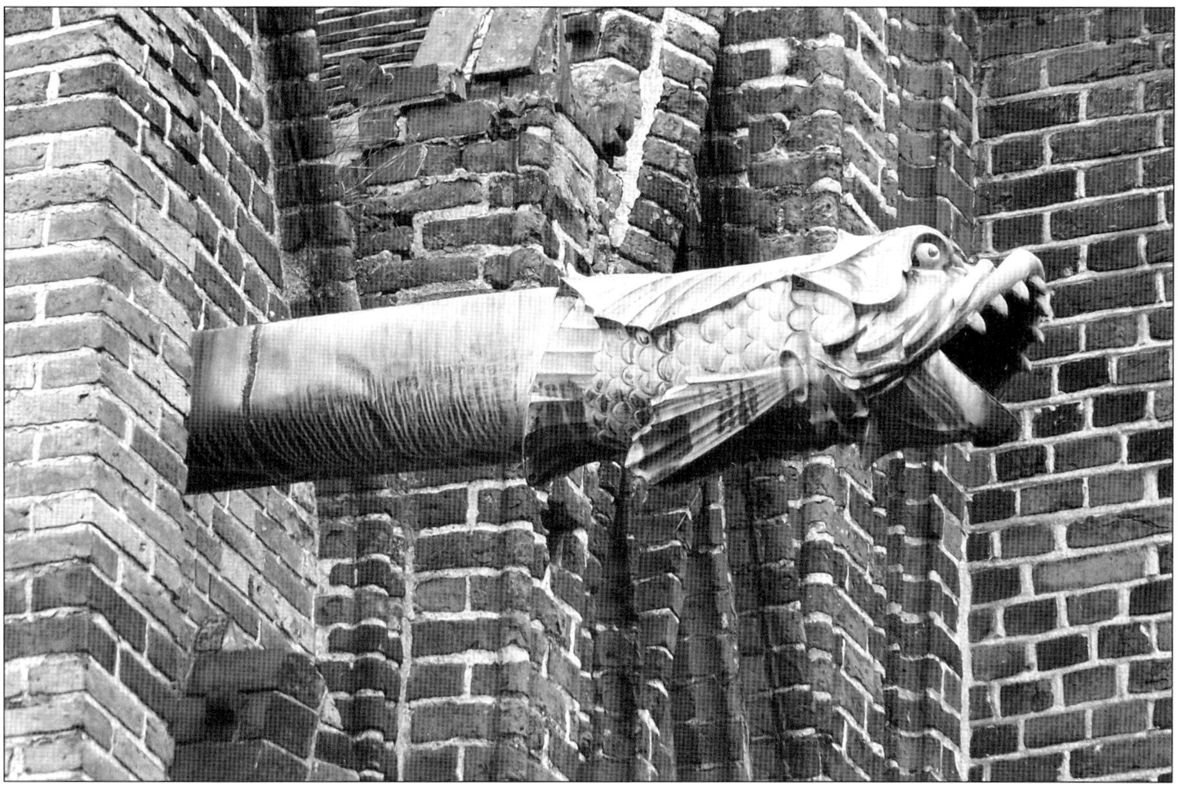

Wasserspeier an einer Kirche in Polen

Romanik und Gotik: Ungeheuer (4/5)

Beispiel

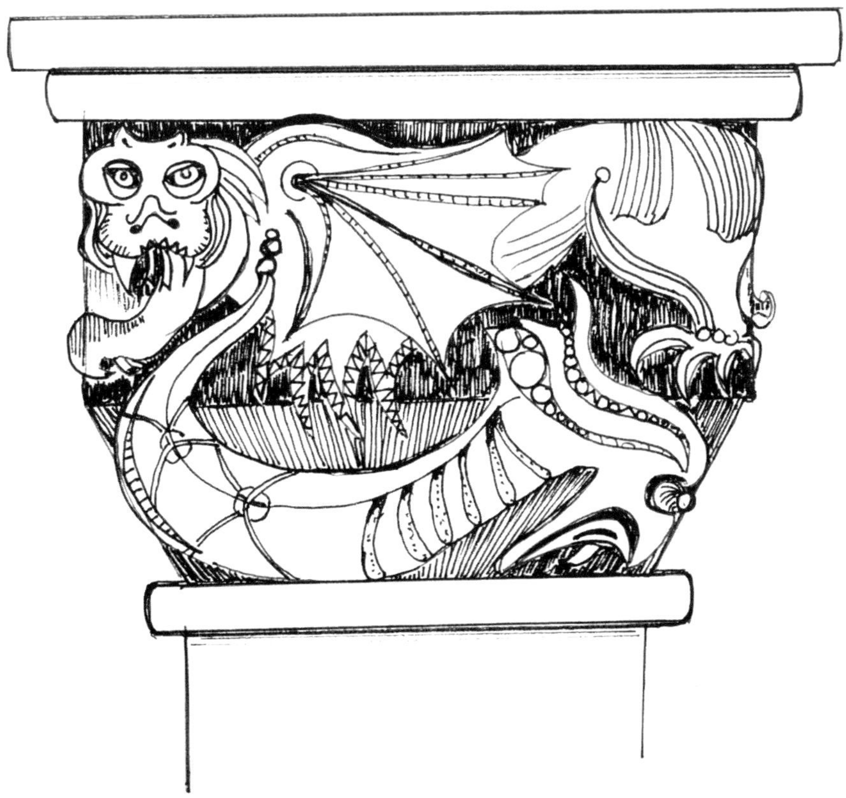

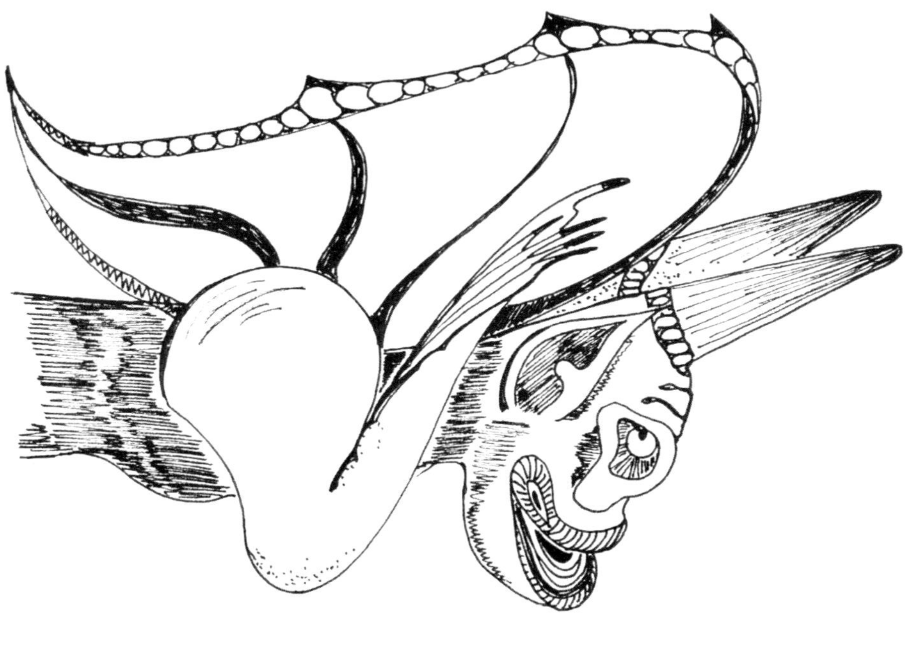

Schülerarbeiten: Würfelkapitell (oben) und Wasserspeier (unten)

Romanik und Gotik: Ungeheuer (5/5)

Beispiel

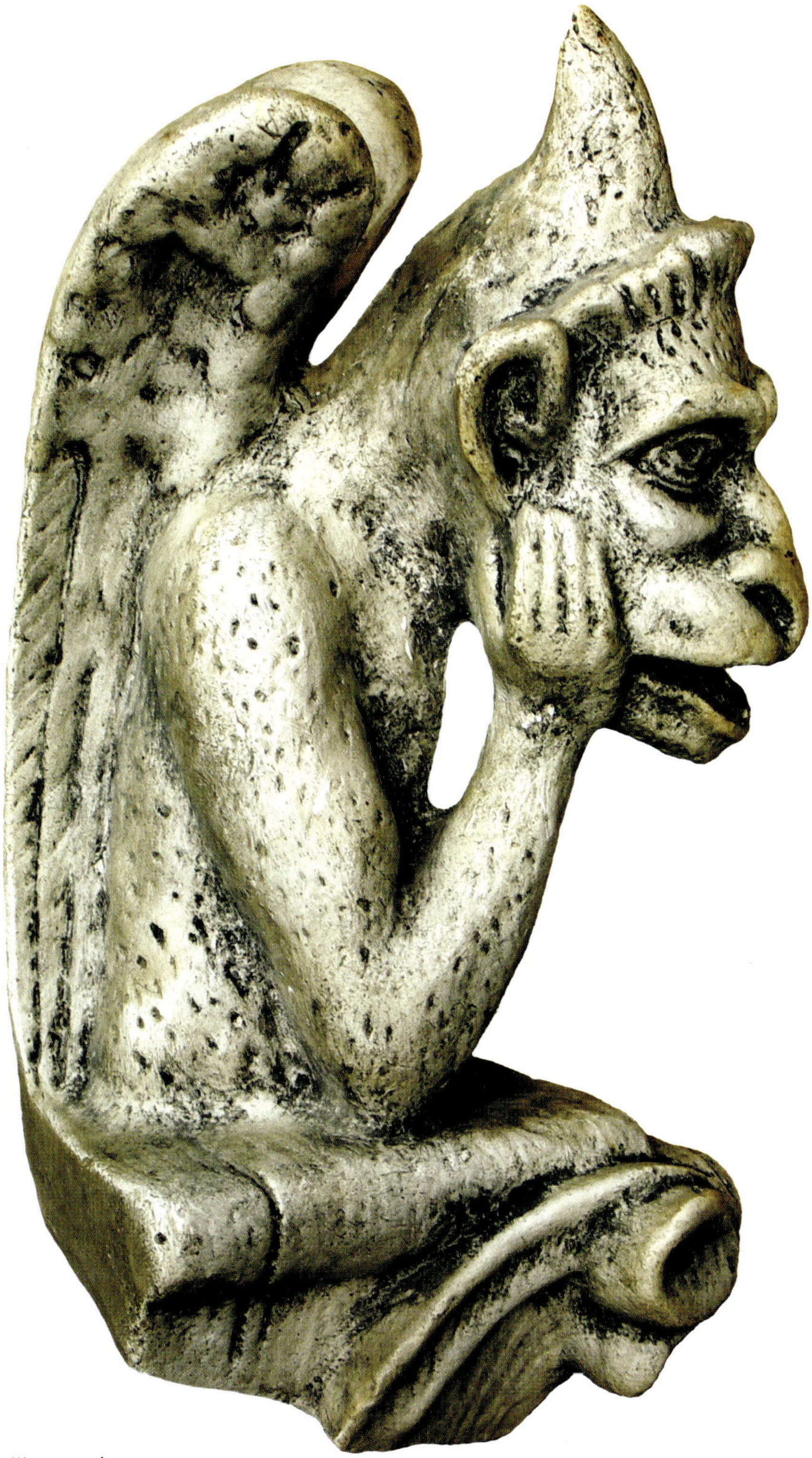

Wasserspeier

Gotische Kathedrale (1/6)

Arbeitsblatt

Was ist eine Kathedrale?

Die Hauptkirche eines katholischen Bistums wird als Kathedrale oder auch Dom bezeichnet. In der Gotik gewannen Kathedralen zunehmend an Bedeutung für die Kunst: Sie wurden zu Meisterwerken der Architektur, Malerei und Bildhauerei ausgebaut. Eine neue Gewölbetechnik ermöglichte es den gotischen Baumeistern, die Säulen schlanker und höher zu bauen und Bögen **spitz** zulaufen zu lassen. Durch eine besondere Anordnung der Gewölberundbögen lastete das Gewicht des Gebäudes damit auf einer Vielzahl von Strebepfeilern. Dadurch war es möglich, auf massive Wände zu verzichten und große **Fenster** einzubauen.
Die Kirchen sahen dadurch nicht mehr aus wie Festungen (Romanik) und wurden von Licht durchflutet. Wände, Fensterrahmen und Gewölbe bildeten eine untrennbare Einheit. Die Wandflächen wurden durch lange Streben, so genannte Rippen, in kleinere, feiner wirkende Flächen aufgeteilt.

Ordne die Stilelemente der richtigen Epoche zu, indem du in das Kästchen ein „R" für Romanik oder ein „G" für Gotik einträgst.

- ☐ große, durchgängige Wandflächen
- ☐ spitz zulaufende Bögen
- ☐ bunte, feingliedrige Glasfenster
- ☐ Rundbögen
- ☐ hohe, schlanke Säulen
- ☐ viele Strebepfeiler im Inneren von hohen Gebäuden
- ☐ kleine Fenster
- ☐ römische Architektur als Vorbild
- ☐ massive Mauern

Welche Stilmerkmale sind typisch gotisch?

Die folgenden Ornamente (Verzierungen) sind typisch für die Gotik. Ordne die Beschreibungen den richtigen Abbildungen zu, indem du die Buchstaben in die Kästchen einsetzt.

A **Maßwerk:**
feingliedrige Steinmetzarbeiten als Dekoration von Fenstern und geöffneten Wänden. Es besteht aus geometrischen Mustern und der Stein wird dafür komplett durchbrochen.

B **Vierpass:**
vier nach außen weisende Kreisbögen mit gleichen Radien, die in einen größeren Kreis eingesetzt sind.

C **Kreuzblume:**
aus Stein nachgebildete Knospe oder Blume mit kreuzförmig angeordnetem Blattwerk, die Turmspitzen und Giebel zierte.

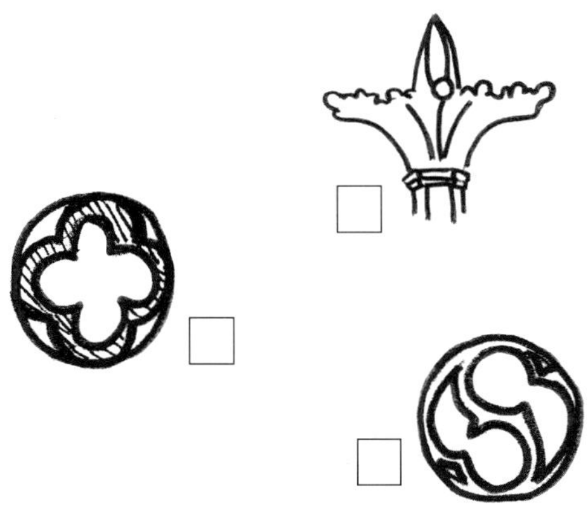

Auf **www.zdf.de/ZDFde/inhalt/8/0,1872,2111016,00.html** findest du animierte Videos über den Bau einer Kathedrale im Mittelalter.

Gotische Kathedrale (2/6)

PROJEKTBESCHREIBUNG

ZEITAUFWAND 3–4 Doppelstunden

MATERIAL

- Schwarzes Tonpapier DIN A3
- Weißes Zeichenpapier DIN A3
- Bleistift
- Dünner schwarzer Filzstift
- Klebestift
- Schere
- Zirkel, Lineal
- Abbildungen von gotischen Kathedralen (z. B. auf **www.koelner-dom.de, www.kathedralenwelt.de**)
- Jogurtbecher oder Münzen als Kreisschablonen

SO GEHT'S

A) Vorderansicht einer gotischen Kathedrale

Schwarzes und weißes Papier vorbereiten

1. Teile dein weißes Blatt (DIN A3) senkrecht in der Mitte durch. Du brauchst zum Weiterarbeiten nur eine Hälfte! Eine der Längskanten stellt die gedachte Achse durch die Vorderfront einer gotischen Kathedrale dar. Lege das weiße Blatt auf dein schwarzes Tonpapier (DIN A3) und prüfe, ob es dessen Hälfte abdeckt. Zeichne die Mittelachse mit Bleistift ein. Wenn die Außenkanten nicht ganz deckungsgleich sind, macht das nichts. Du kannst sie später noch zuschneiden.

2. Zeichne jetzt auf das weiße Papier mit Bleistift und Lineal einen hohen, spitzen Turm vor, der in der Höhe knapp die Hälfte des Blattes einnimmt. Seine Spitze sollte die Oberkante des Blattes berühren oder knapp darunter liegen. Links und rechts des Turmes sieht man noch ein kurzes Stück der waagerechten Dachkante.

TiPP: Um eine symmetrische Turmspitze zu erhalten, zeichnest du zu einer waagerechten Linie die Mittelsenkrechte oder konstruierst mit dem Zirkel ein gleichschenkliges Dreieck.

3. Die Fläche unterhalb des Turmes entspricht der vorderen Wand deiner Kathedrale. Zeichne von der Unterkante her die Hälfte eines Portals (Eingangstor) mit Spitzbogen ein. Achte darauf, dass darüber noch Platz für ein rundes Glasfenster (Rosette) bleibt. Um die

Gotische Kathedrale (3/6)

PROJEKTBESCHREIBUNG

halbe Rosette zu konstruieren, benutzt du wieder den Zirkel oder eine passende Kreisschablone (Jogurtbecher etc.). Wenn du um das Rosenfenster herum ein spitzbogiges Fenster gestalten möchtest, musst du zunächst diese Form zeichnen. Aus der Mitte des Daches wächst (zur Hälfte) ein kleines Türmchen mit Kreuzblume.

Die Technik des Klappschnitts

1. Schneide exakt die Oberkante deiner Vorzeichnung aus. Du erhältst, je nach Höhe des Turms, den Hintergrund in ein oder zwei Stücken. **Wichtig:** Setze jetzt alle Teile, wie bei einem Puzzle, wieder zusammen und lege alle so auf das schwarze Tonpapier, dass die (gedachte) Achse der Kathedrale in der Mitte des Blattes liegt. Nun klappst du, wie beim Umblättern eines Buches, den Hintergrund auf die dunkle Seite und klebst ihn fest. Die Seite, auf der du nicht vorgezeichnet hast, liegt jetzt oben. Achte darauf, dass das mittlere Teilstück deines Hintergrundes genau an der vorgezeichneten Mittelachse anliegt. Der Turm der Kathedrale tritt jetzt als Negativ-Form deutlich hervor.

2. Schneide jetzt die Rosette (oder den sie umgebenden Fensterbogen) und den Torbogen aus. Klappe sie, wie oben beschrieben, über die Mittelachse zur Seite, klebe sie aber noch nicht an. Lege die Form an die ihr zugedachte Stelle, zeichne weitere Spitzbögen oder Rosetten konzentrisch, d.h. mit gleichem Mittelpunkt, in die Form und schneide sie aus. Diese Details werden anschließend wieder auf die Ausgangsfläche zurückgeklappt und zusammen mit den restlichen Formen exakt entlang der Längsachse angeklebt. Diese Technik wird **Kontern** genannt. Es entstehen somit auch im „weißen" Bereich schwarze Teilflächen, die die Fassade auflockern.

SO GEHT'S

B) Ausarbeitung der Fassade

Auflockerung der Fassade

1. Zeichne in den „weißen" Teil der Fassade mit Bleistift folgende Elemente ein: Fenster mit Maßwerk, Galerien, Figuren auf Konsolen, einen Fries (Streifen, der an einer Wand Flächen voneinander abgrenzt), Türmchen und Wasserspeier. Für Kreisformen nimmst du als Schablonen einen Jogurtbecher, die Kappe deines Klebestifts oder Münzen.

Gotische Kathedrale (4/6)

PROJEKTBESCHREIBUNG

Zeichne alle senkrechten Linien mit dem Lineal. Konstruiere die Spitzbögen mit der Mittelsenkrechten. Arbeite die (halbe) Rosette besonders detailliert aus. Um den (halben) Torbogen kannst du noch weitere Bögen anlegen und in die Nischen schmale Figuren setzen. Gib auch dem Turm eine reiche Gliederung durch hohe, schlanke Fenster und aufgesetzte Rippen.

2. Im „dunklen" Teil der Fassade bringst du an der Außenkante des Turms eine regelmäßige Reihe von Krabben (knospenartige Verzierungen) an. Schmücke den Turm an der Spitze noch mit einer Kreuzblume. Bearbeite auch die „weißen" Teile, die du mit Hilfe des Konterverfahrens umgeklappt hast.

3. Überprüfe, ob sich die schwarzen (ruhigen) Flächen harmonisch mit den weißen (gegliederten) Flächen abwechseln.

Ausarbeitung mit Filzstift

1. Alle Einzelheiten der Vorzeichnung werden zum Schluss mit dünnem Filzstift nachgezogen.

2. Fülle tiefer oder weiter hinten liegende Flächen, wie zum Beispiel das Innere eines Fensters, mit engen Parallelschraffuren, um so einen kräftigeren Grauwert zu erzeugen.

Gotische Kathedrale (5/6)

Beispiel

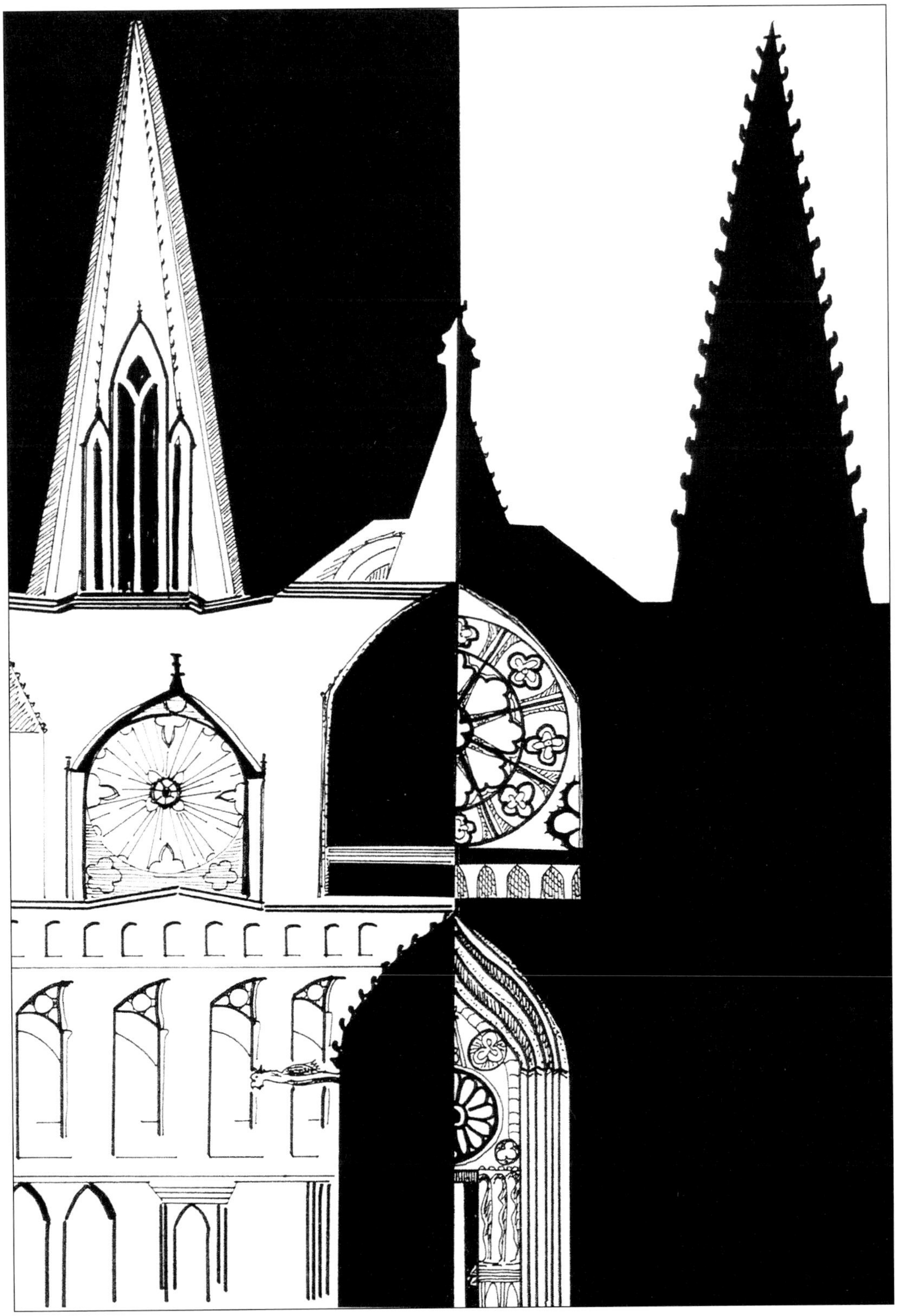

Schülerarbeit

Gotische Kathedrale (6/6)

BEISPIEL

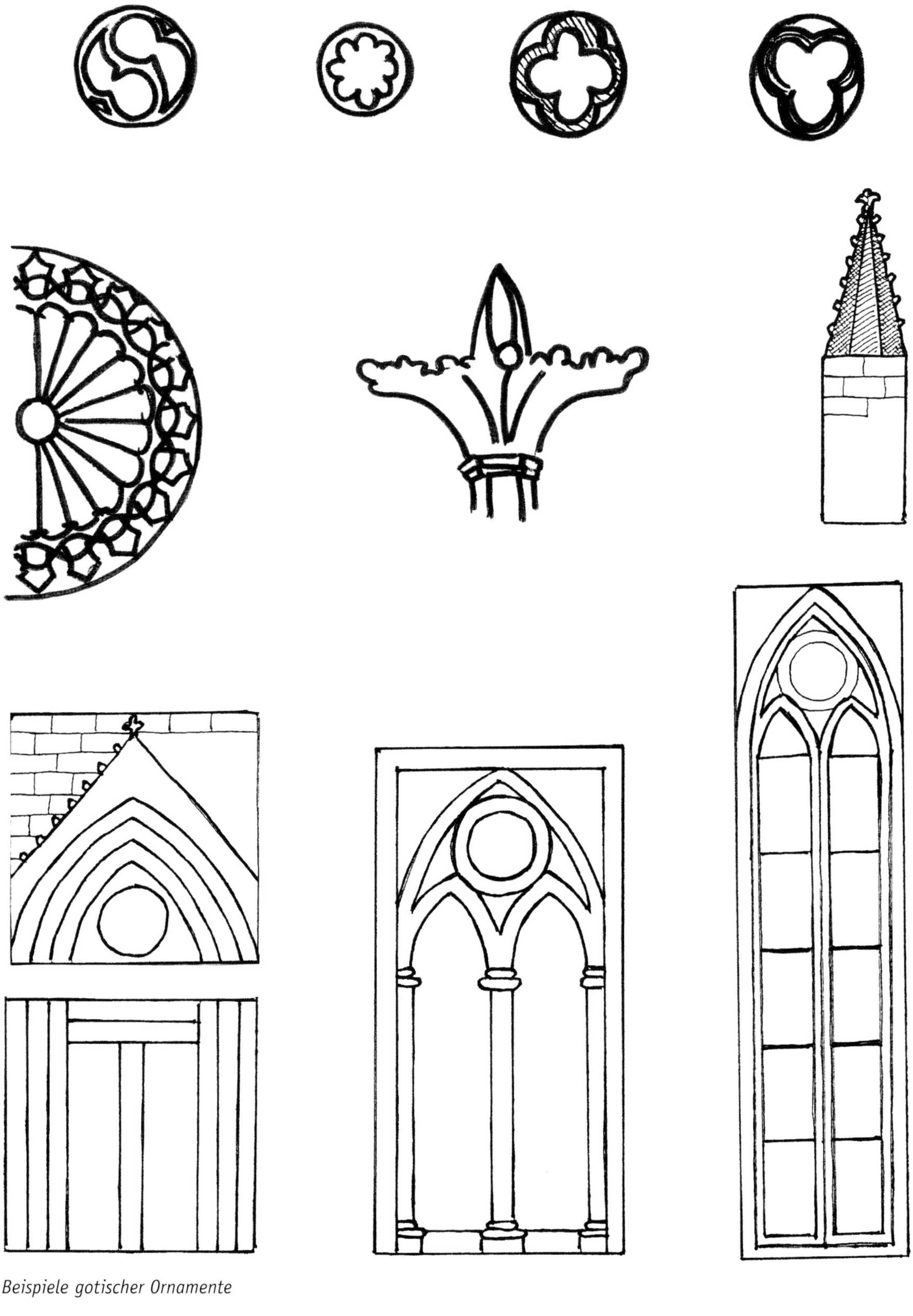

Beispiele gotischer Ornamente

Renaissance: Porträt 1 (1/7)

ARBEITSBLATT

Was war die Renaissance?

Die Zeit zwischen etwa 1350 und dem 16. Jahrhundert wird als Renaissance (franz. *Wiedergeburt*) bezeichnet. Die Menschen lösten sich von den Vorschriften und Ideen der Kirche und den Vorstellungen und Lehren des Mittelalters. Vor allem die **Künste** und die **Wissenschaften** gewannen an Bedeutung und vermittelten ein **neues Menschenbild**.

Im Zentrum der Kunst stand nicht mehr, wie im Mittelalter, der Glaube und Gott, sondern der einzelne Mensch. Die Motive wurden naturgetreu abgebildet, d.h. die Künstler strebten eine größtmögliche Ähnlichkeit mit dem Original an. Sie studierten deshalb genau die **Proportionen** des menschlichen Körpers und versuchten, das **Ideal menschlicher Schönheit** zu finden. Die Kunst des antiken Griechenlands und Roms wurde als vorbildlich betrachtet, weil sie den Menschen vollkommen erschien. Als Höhepunkte der Renaissance-Malerei gelten heute die Fresken (Einzahl: Fresko) der italienischen Künstler **Raffael**, **Michelangelo** und **Leonardo da Vinci**.

Was ist ein Fresko?

Der Begriff Fresko kommt von dem italienischen *pittura a fresco,* Malerei auf das Frische. „Das Frische" bedeutet hier frischer **Kalkputz**. Ein Fresko ist also eine Wandmalerei mit Wasserfarben, die auf frischen, noch feuchten Verputz aus Kalk, Sand und Wasser aufgetragen wird. Nach dem Trocknen des Putzes hat sich an der Oberfläche eine feste, wasserunlösliche Schicht gebildet, die die Farben darunter sehr haltbar macht. Der Maler kann bei dieser Technik nur so große Abschnitte mit Putz versehen, wie er bemalen kann, bevor die Oberfläche zu trocken wird. Nach dem Farbauftrag kann das Gemälde nicht mehr korrigiert werden. Deshalb werden die Bilder zunächst in Originalgröße auf einem Karton skizziert und anschließend auf die feuchte Wand übertragen.

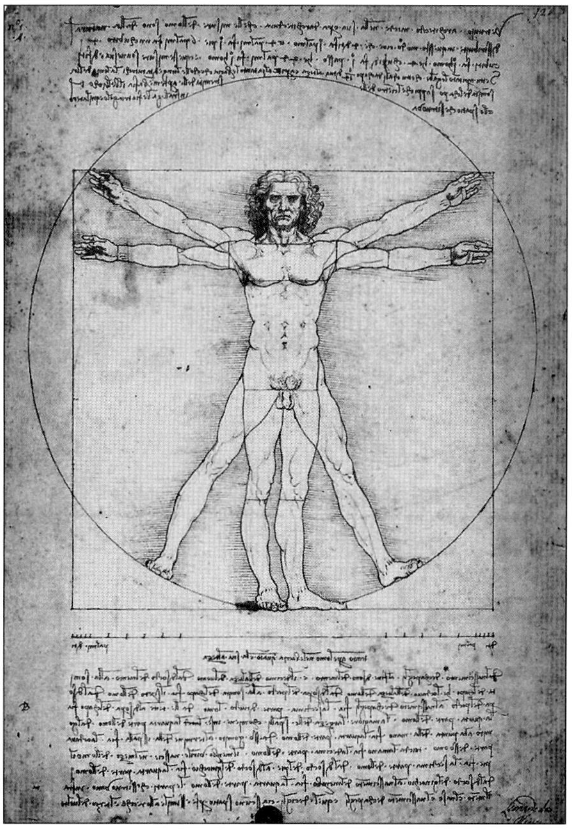

Körperstudie von Leonardo da Vinci

- **Lies den Text genau und beschreibe noch einmal in Stichworten, wie ein Fresko entsteht. Weise dabei darauf hin, was der Künstler beim Malen besonders beachten muss. Schreibe den Text in dein Heft.**
- **Sieh dir die Zeichnung Leonardo da Vincis an (oben), mit der der Künstler den idealen Körper darzustellen versucht. Wie wirkt der dargestellte Mensch auf dich?**

Renaissance: Porträt 1 (2/7)

Projektbeschreibung

Zeitaufwand 3–4 Doppelstunden

Material

- Vorschlag A: Zeichenkarton DIN A5 oder DIN A4 (mindestens 180 g/qm)
  Vorschlag B: Skizzenpapier DIN A5 oder DIN A4
- Bleistift, feiner Filzstift (schwarz)
- Malkasten, Pinsel (Nummer 2 und 4)
- Klebestift, Lineal, Küchenpapier, Tesafilm
- Dunkles Tonpapier (DIN A4 oder DIN A3)
- Abbildung eines Mauerstücks (s. Vorlage)
- Porträts aus der Renaissance (s. Beispiel) als Anschauungsmaterial

So geht's

A) „Dein" Renaissance-Porträt

Wähle aus den beiden Porträts oder aus weiterem Bildmaterial eine Darstellung aus. Versuche nun, mit Bleistift die Person nachzuzeichnen. Dabei lässt du alle Schattenzonen und den gesamten Hintergrund weg. Zeichne das Porträt nur in Umrisslinien als reine Strichzeichnung. Kleine Abweichungen sind natürlich erlaubt! Beachte, dass auch dein Porträt, wie das Original, meist vom Bildrand abgeschnitten wird.

Bearbeitung des Hintergrundes

Wähle, abweichend von der Vorlage, eine gedeckte Farbe für den Hintergrund aus (z.B. Grau). Male die gesamte Hintergrundfläche lasierend damit aus (das Porträt sparst du natürlich aus). Dazu verdünnst du die gewählte Farbe stark mit Wasser.

TiPP: Damit man keine störenden Pinselspuren um das Porträt herum sieht, wendest du folgenden Trick an: Nimm einen Pinsel mittlerer Stärke und feuchte den Bereich neben der vorgezeichneten Bleistiftlinie mit **klarem** Wasser an. Achte sorgfältig darauf, dass das Wasser nicht in die Fläche des Porträts hineinläuft. Dann malst du rasch mit Farbe in die angefeuchteten Stellen. Die Farbe bleibt einerseits genau an der Grenzlinie „stehen", verläuft aber andererseits großzügig in der restlichen Fläche, die du jetzt weiter ausmalst. Der Hintergrund muss ganz trocken sein, bevor du weiterarbeitest.

Renaissance: Porträt 1 (3/7)

PROJEKTBESCHREIBUNG

Malen des Porträts

1. Mit dünnem, schwarzem Filzstift werden alle vorgezeichneten Konturen nachgezogen.

2. Um eine zarte Hautfarbe zu erzielen, arbeitest du am besten mit stark verdünntem Ocker. Trage die Farbe mit einem dünnen Pinsel in Partien auf, verwische sie oder tupfe sofort mit saugfähigem Küchenpapier ab, damit keine unschönen Ränder entstehen. Wiederhole den Vorgang an Stellen, die kräftiger getönt erscheinen sollen. Da dein Fresko sehr „alt" wirken soll, sollten die Farben nicht zu kräftig, sondern etwas „verwaschen" wirken. Zwischen den einzelnen Pinselstrichen können auch kleine Teile des Untergrundes unbearbeitet stehen bleiben. Dort setzt du eventuell später, nach dem Trocknen, noch farbige Akzente.

Den „Alterungsprozess" des Freskos beschleunigen
Vorschlag A (dickes Zeichenpapier):

1. Betone nach der Trockenphase mit Lineal und (schwarzem) Filzstift die Außenkanten des Bildes.

2. Anschließend versuchst du, Teile des Farbauftrags wieder zu entfernen: Es soll so aussehen, als ob sich an einigen Stellen die Farbschicht gelöst hätte: Nimm einen kurzen Streifen Tesafilm (ca. 4 – 5 cm), halte ihn an einem Ende hoch und drücke das andere Ende auf dein Bild. Wenn du ihn dann mit einem Ruck wieder ablöst, bleiben Teile der Farbschicht und des Papiers daran hängen und werden somit entfernt. Diesen Vorgang führst du mehrmals an geeigneten Stellen durch.

   TiPP: An Stellen, die noch leicht feucht sind, löst sich weniger Material ab! Um den „antiken" Effekt noch zu verstärken, reißt du jetzt Teile des Bildrandes (und des Hintergrundes) ab. Beim Aufkleben auf dunkles Tonpapier setzt du jetzt entweder dein Bild aus diesen Puzzleteilen wieder zusammen (und erhältst „Risse") oder du lässt Teile ganz weg, sodass man den dunklen Untergrund sehen kann.

Vorschlag B (dünnes Zeichenpapier):
Reiße nur den Rand deines Bildes ab und klebe dein Fresko auf die Abbildung einer alten Ziegelmauer (s. Vorlage). Das Ergebnis sieht dann so aus, als ob der Restaurator nur noch einige Teile des Freskos retten konnte.

Renaissance: Porträt 1 (4/7)

VORLAGE

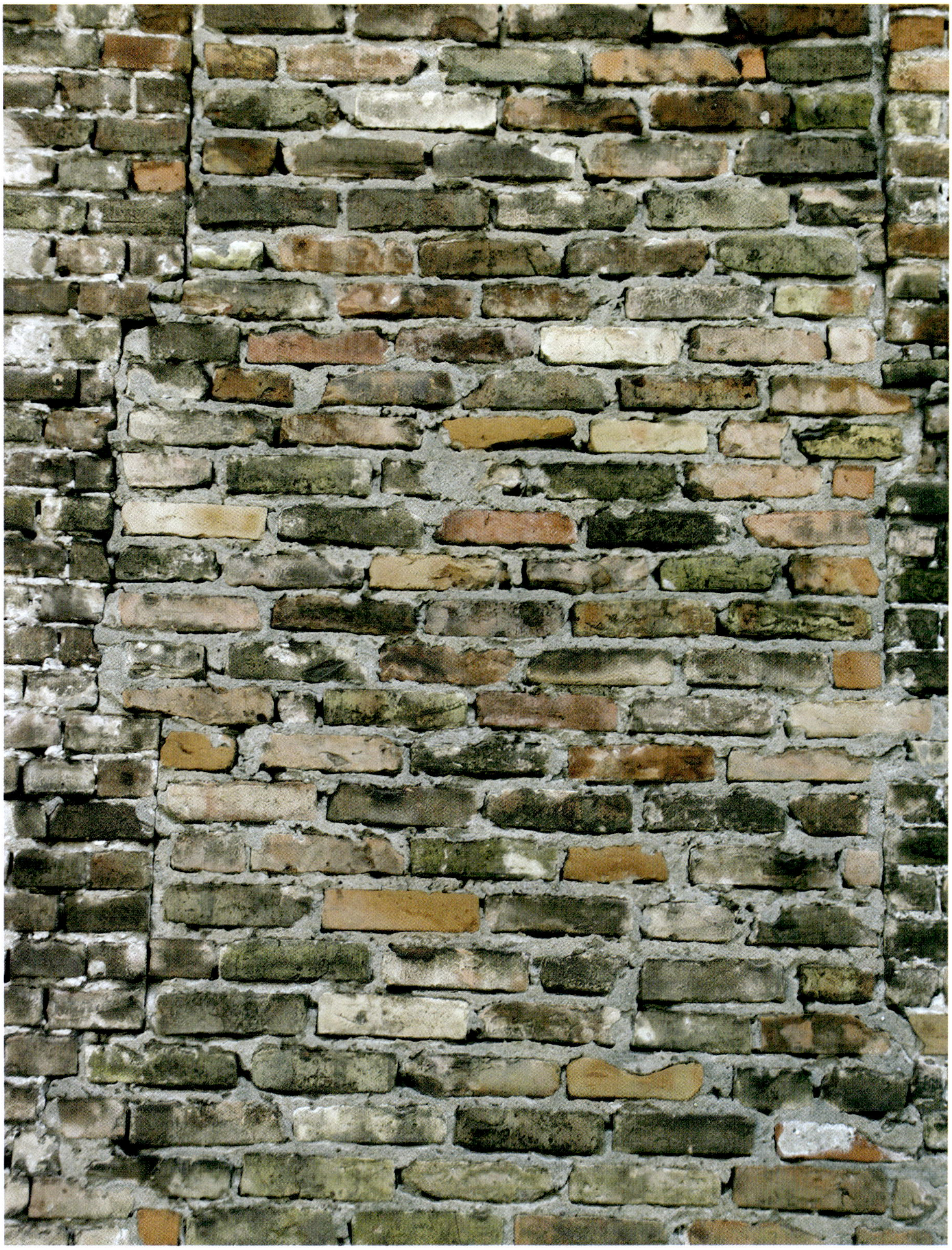

Abbildung eines Mauerstücks als Hintergrund

© Verlag an der Ruhr — Postfach 10 22 51 — 45422 Mülheim an der Ruhr — www.verlagruhr.de — ISBN 978-3-8346-0175-9

Renaissance: Porträt 1 (5/7)

Beispiel

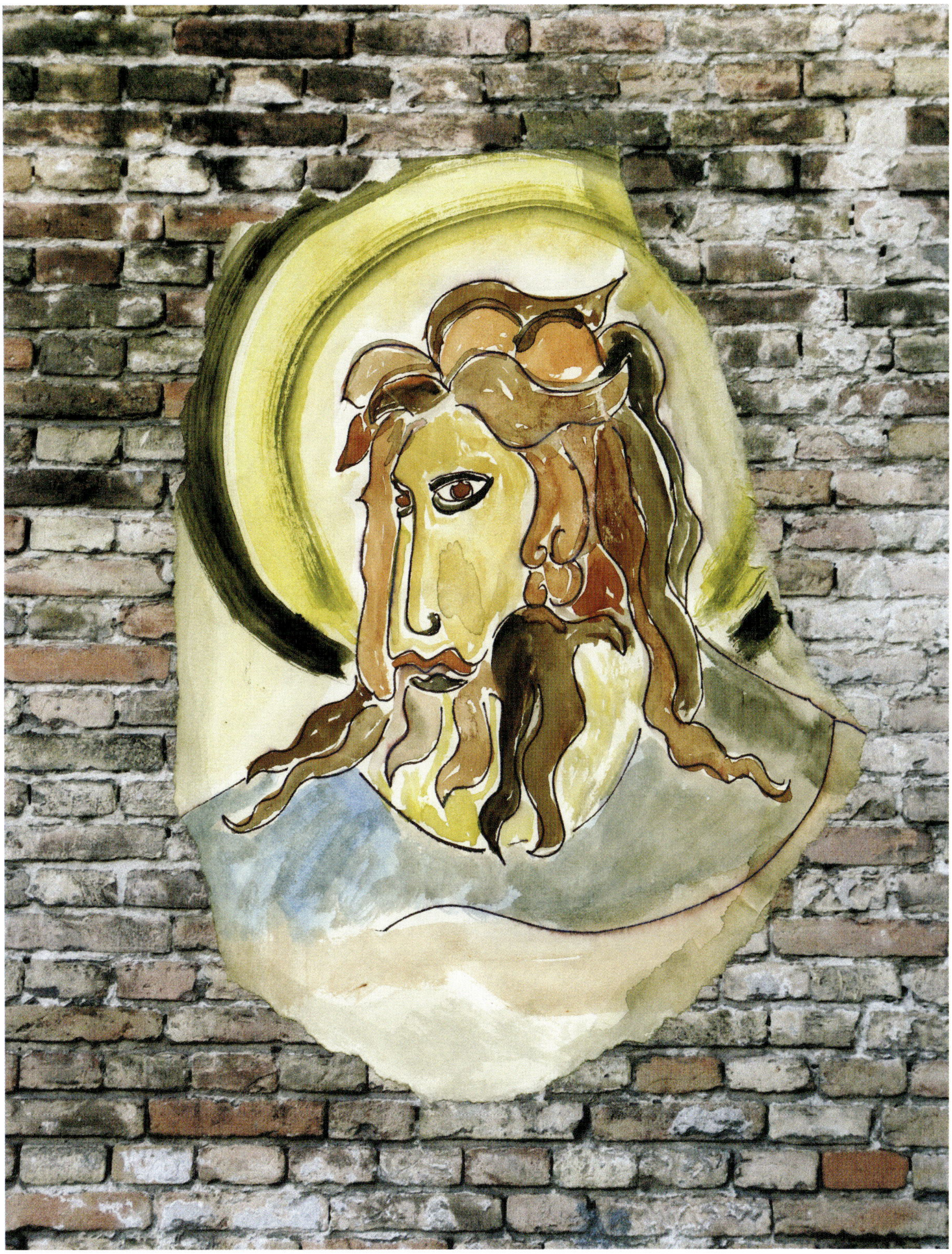

Schülerarbeit

© Verlag an der Ruhr — Postfach 102251 — 45422 Mülheim an der Ruhr — www.verlagruhr.de — ISBN 978-3-8346-0175-9

Renaissance: Porträt 1 (6/7)

Beispiel

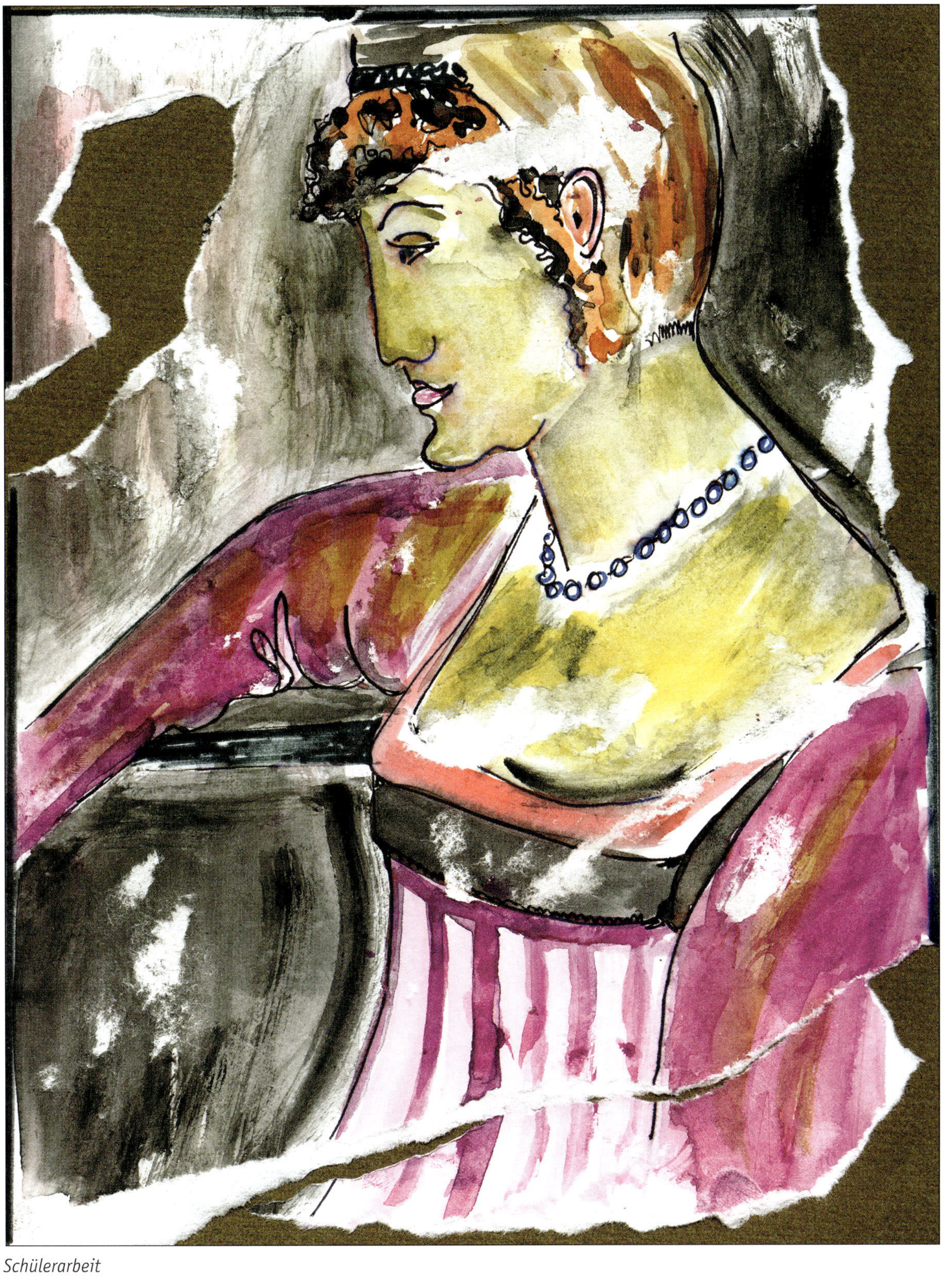

Schülerarbeit

Renaissance: Porträt 1 (7/7)

Beispiel

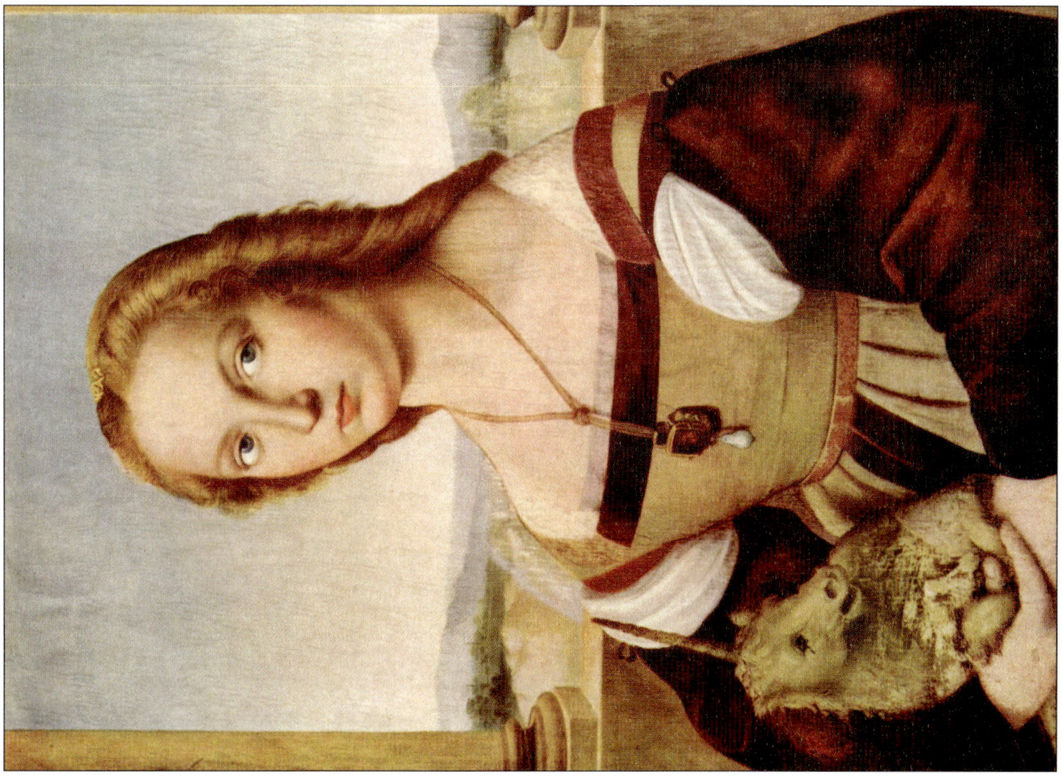

Raffael: Mädchen mit Einhorn

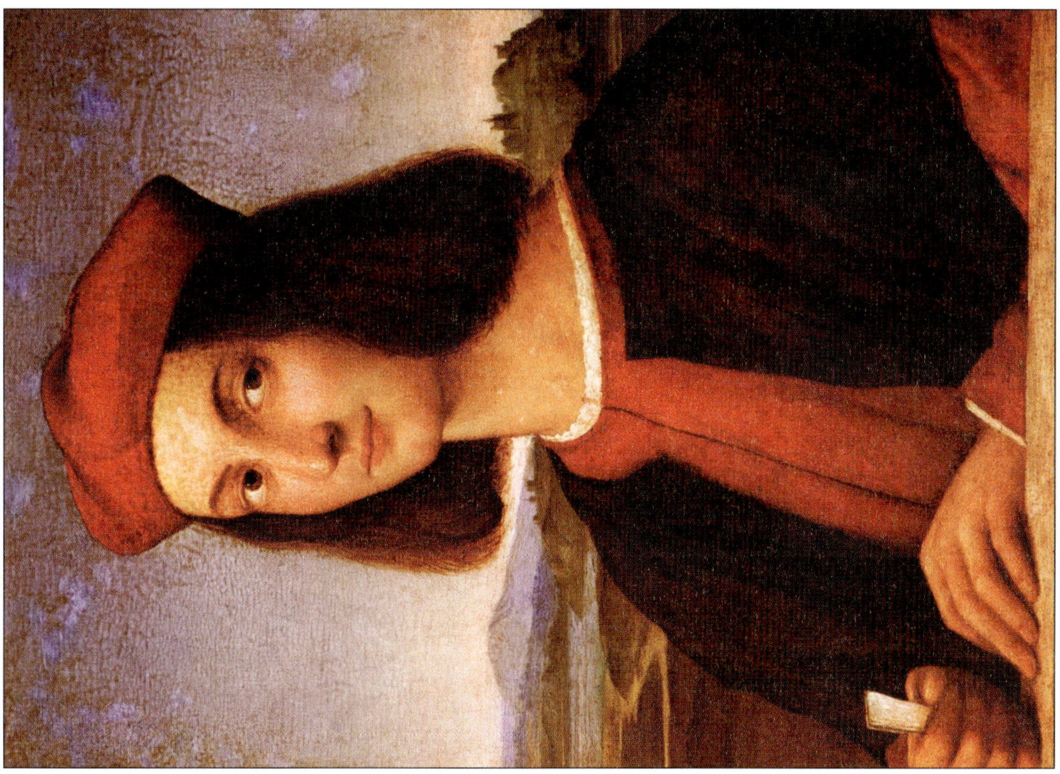

Raffael: Bildnis eines Jünglings

Renaissance: Porträt 2 (1/5)

ARBEITSBLATT

Welche Bedeutung hatten Porträts?

Porträts waren in der Renaissance sehr beliebt. Da der Mensch in den Mittelpunkt der Kunst gerückt war, widmeten sich immer mehr Maler der Darstellung einer **einzelnen Person**. Viele berühmte Herrscher ließen sich porträtieren. Die Maler der Renaissance wollten auf ihren Porträts immer die Stellung der dargestellten Person in der Gesellschaft und zugleich ihre Wesenszüge hervorheben. Der Deutsche **Hans Holbein der Jüngere** malte viele Adlige in England, u.a. den berühmten König Heinrich VIII. Die herausragendsten Künstler der Renaissance waren die Italiener **Raffael**, **Leonardo da Vinci** und **Michelangelo**. Raffael war schon in seiner Jugend so berühmt, dass ihn die Menschen nur unter seinem Vornamen kannten und ansprachen.

Bringe den Lebenslauf von Raffael in die richtige Reihenfolge, indem du die entsprechende Nummer in das Kästchen einträgst.

- ☐ Ende 1508 zieht er nach Rom.
- ☐ In seiner Jugend (bis 1504) arbeitet er als Gehilfe seines Vaters, des Malers Giovanni Santi, und als Schüler des Malers Perugino.
- ☐ *6.4.1483 in Urbino (genaues Datum ungewiss).
- ☐ 1514 wird er Bauleiter des Petersdoms und ist zuständig für die antiken Denkmäler Roms.
- ☐ † 6.4.1520 in Rom.
- ☐ 1509–11 malt er das berühmte Fresko „Die Schule von Athen" in den Privatgemächern des Papstes. Zwischen die Abbildungen antiker Philosophen schmuggelt er auch ein kleines Selbstporträt von sich.
- ☐ 1504 und 1506 hält er sich in Florenz auf.
- ☐ 1512 erhält er vom Papst den Auftrag für ein großes Altarbild, das er 1516 vollendet. Wegen der Darstellung der Figuren und des besonderen Bildaufbaus wurde diese Bild unter dem Namen „Die Sixtinische Madonna" weltbekannt.

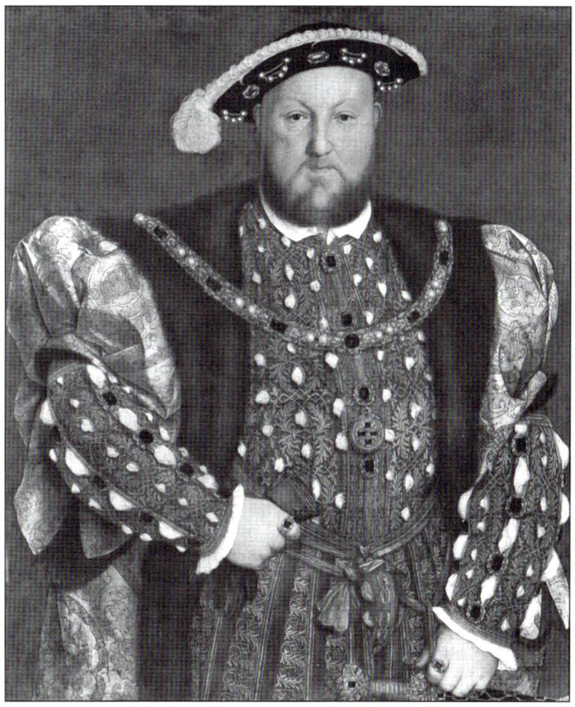

König Heinrich VIII.

Sieh dir das Porträt von Heinrich VIII. an. Wie wirkt der König auf dich? Er veranlasste tiefgreifende Veränderungen im England der Renaissance, deren Auswirkungen noch heute Bestand haben. Suche in Geschichtsbüchern nach Informationen über ihn und vergleiche sie mit deinem ersten Eindruck.

Renaissance: Porträt 2 (2/5)

PROJEKTBESCHREIBUNG

ZEITAUFWAND 3–4 Doppelstunden

MATERIAL

- Zeichenpapier DIN A3
- Malkasten
- Pinsel in verschiedener Stärke
- Dünne Filzstifte
- Bleistift
- Klebestift
- Schere
- Farbige Papierreste
- Farbkopie eines Fotos des eigenen Gesichts (5–7 cm hoch)
- Vorlage: Proportionen des menschlichen Körpers
- Porträts von Männern und Frauen aus der Renaissance als Anschauungsmaterial

SO GEHT'S

A) Fotomontage

1. Lege dein Zeichenblatt der Länge nach vor dich hin und teile es ungefähr waagerecht in Drittel ein.
2. Schneide auf dem Foto die Umrisse deines Gesichtes aus. Entferne vor allem die Haare und den Halsansatz.
3. Klebe das Gesicht etwa im oberen Drittel des Blattes auf. Denke daran, dass du Platz für Frisur oder Kopfputz lassen musst und dass dein Porträt in geeignetem Abstand zum oberen Bildrand enden sollte.

SO GEHT'S

B) Entwürfe

1. Arbeite zunächst mit Hilfslinien: Miss die Höhe deines Kopfes genau aus. Sie dient als grundlegendes Maß für die Einteilung der Körperproportionen. Trage, vom Kopf ausgehend nach unten auf einer senkrechten Linie, diese Distanz noch zwei Mal an. Dann hast du den „Taillen-Punkt" erreicht. Um die richtige Größe der Schulterpartie zu erhalten, zeichne die Kopffläche unterhalb des Halses zwei Mal waagerecht ein und markiere mit Punkten, wo die Gelenke sitzen. Zeichne die Arme zunächst als Striche und bestimme ihre Länge nach den Kriterien der Vorlage, die du zuvor erstellt hast. Lege auch hier Gelenke und angewinkelte Körperteile fest.

Renaissance: Porträt 2 (3/5)

PROJEKTBESCHREIBUNG

2. Gestalte um die gefundenen Linien herum Frisur, Kopfbedeckung und Kostüm. Nutze dabei die Fläche des Blattes aus. Denke auch daran, dass die dargestellte Person etwas in der Hand halten kann: Tuch, Fächer, Blüte ... Da es ja ein Selbstporträt werden soll, kannst du auch sehr persönliche Accessoires integrieren.

3. Detailliertere Binnenzeichnungen, wie Stoffmuster, Spitzen, Haarsträhnen, deutest du nur an.

SO GEHT'S

C) Farbige Ausarbeitung

1. Der Hintergrund
Da dein Porträt farbig deutlich und differenziert hervortreten soll, wählst du am besten nur eine Farbe für den Hintergrund, die aber durchaus fleckig aufgetragen werden kann. Versuche, noch nasse Farbflächen ineinanderlaufen zu lassen (Nass-in-Nass-Verfahren). Sollte dir die Fläche um dein Porträt herum zu groß erscheinen, kannst du sie auch durch Stoffbahnen (Vorhänge) optisch reduzieren.

2. Das Porträt
Grundiere zunächst größere Partien des Gewandes mit (gemischten) Farben aus dem Malkasten. Wenn sie getrocknet sind, malst du mit Pinsel oder Filzstift feine Stoffmuster auf oder beklebst sie mit farbigen Papierteilen. Geschenkpapier mit goldfarbenem Muster eignet sich dafür besonders. Schöne Effekte erzielst du, wenn du Spitzen, Federn und Haarsträhnen mit dünnem Filzstift gestaltest.

Renaissance: Porträt 2 (4/5)

VORLAGE

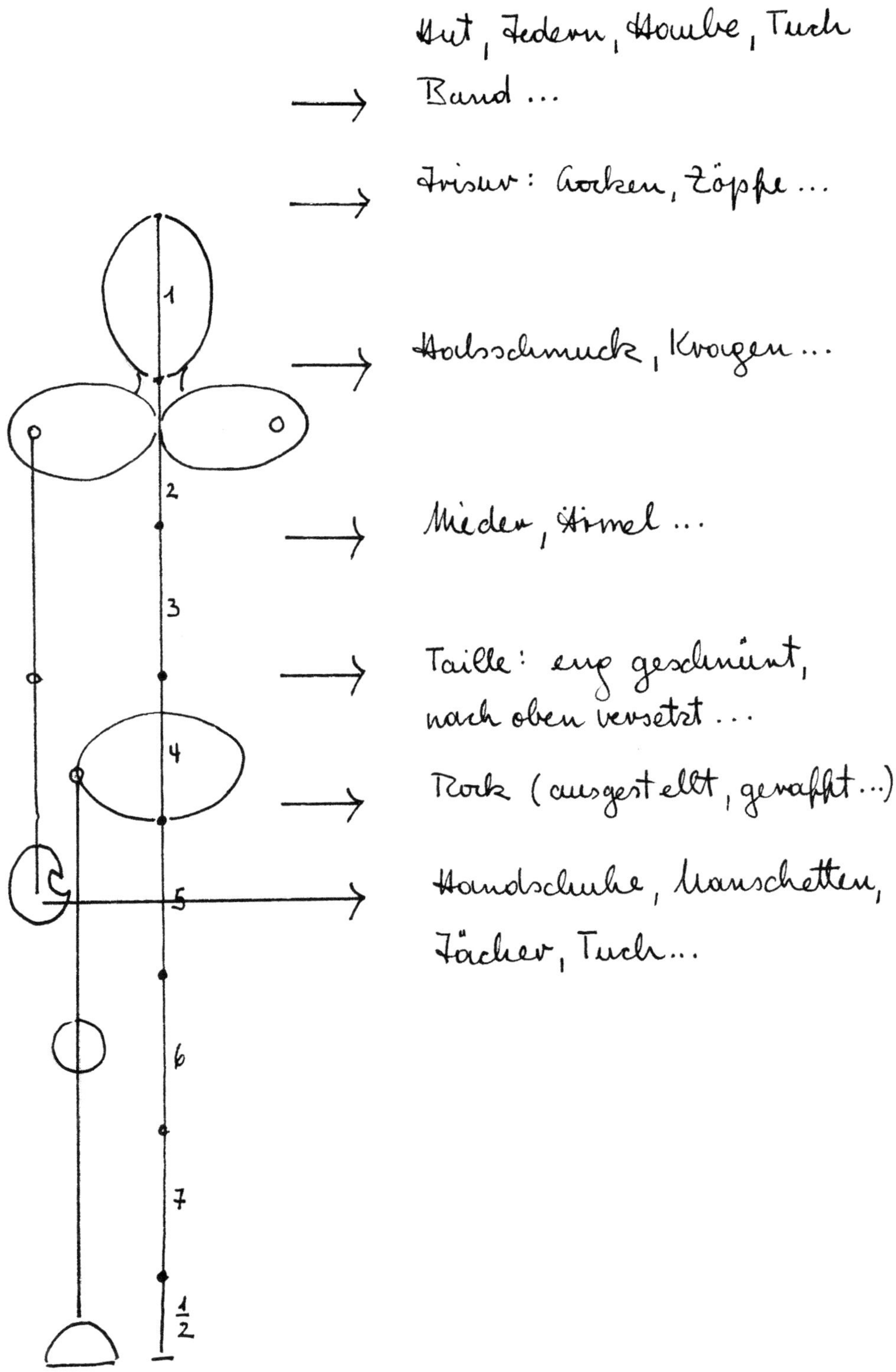

Schema der Proportionen des menschlichen Körpers

Renaissance: Porträt 2 (5/5)

Beispiel

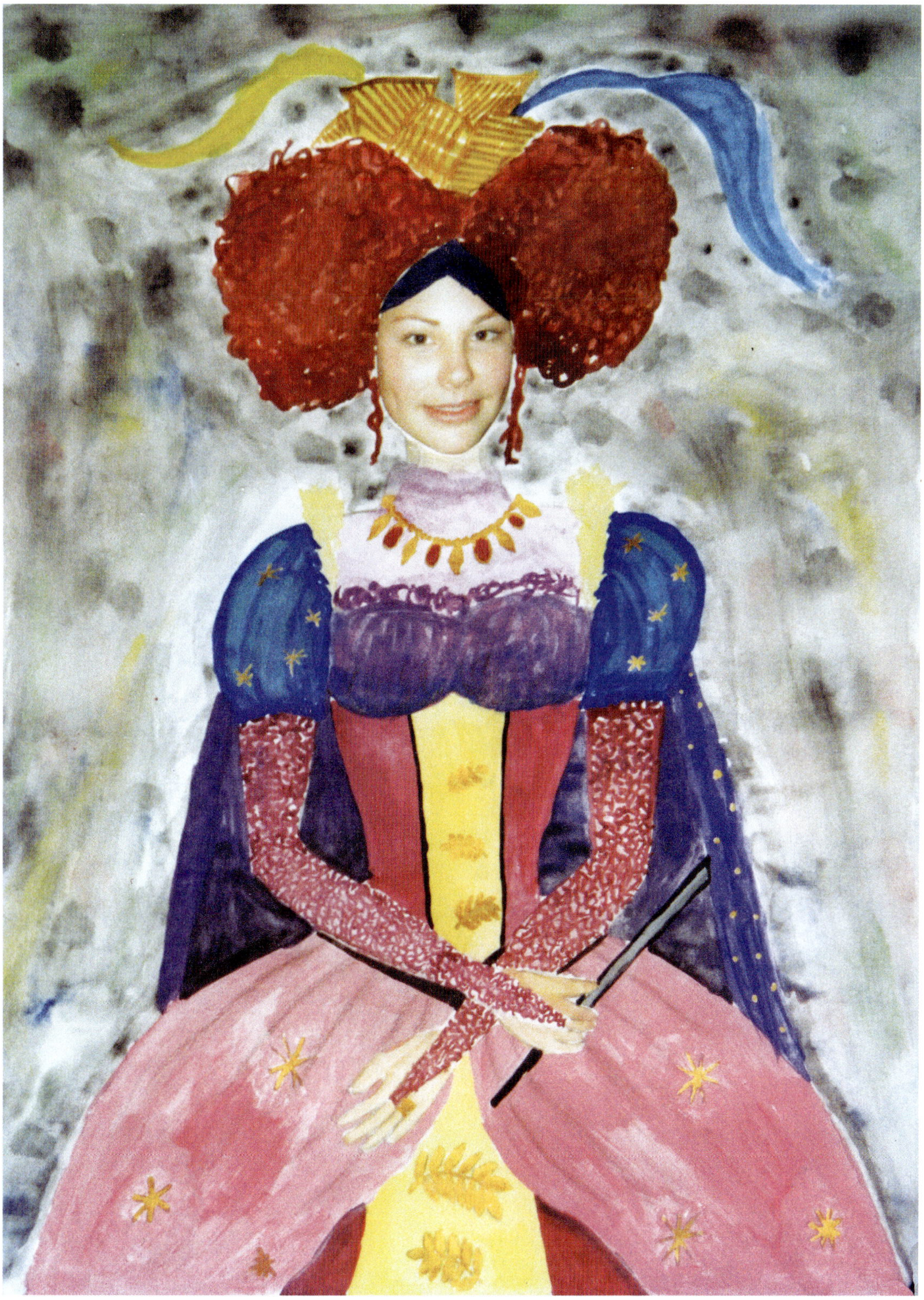

Renaissance-Porträt einer Schülerin

Barocker Rahmen (1/5)

ARBEITSBLATT

Was war der Barock?

Zwischen 1600 und 1750 war der Barock in Europa der vorherrschende Kunststil. Damals vertrat der Adel die Ansicht, dass seine Macht von Gott gegeben sei (Prinzip des Absolutismus). Deshalb ließen die Herrscher der Zeit Bauten errichten, die ihren Einfluss und Reichtum nach außen hin ausdrücken und die Sinne überwältigen sollten. Innenräume und Fassaden wurden deshalb mit reichem Schmuckwerk versehen. Barocke Gebäude wirken vor allem durch in Gold gehaltene **Stuckverzierungen*** besonders festlich. Die Grundformen des barocken Stils sind geschwungen und wirken wie in Bewegung. Der Betrachter barocker Architektur wurde in die Entwürfe miteinbezogen. Durch Linienführung und Anordnung der Bauelemente sollten seine Blicke und Bewegungen im Raum gelenkt werden. Die Kunst des **Gartenbaus** gewann in dieser Epoche an Bedeutung. Gartenarchitekten ordneten die Pflanzen nach strengen geometrischen Mustern an, die zuvor am Reißbrett mit mathematischer Genauigkeit entworfen worden waren.

Was ist typisch Barock?

Der Barock zeichnet sich vor allem in der Baukunst durch bestimmte Merkmale aus. Verbinde die zusammengehörigen Satzhälften, indem du die Buchstaben in die Kästchen setzt.

☐ Die Gebäude erhielten mehr runde und ovale Formen, ...

☐ Großflächige Gemälde ...

☐ Symetrische Formen wurden bevorzugt und Außenfassaden so gestaltet, ...

☐ Das Innere eines Gebäudes diente oft nur als Hülle ...

A verzierten die Decken.

B z. B. Kuppeln.

C für die Ausschmückung durch Malerei und Bildhauerei.

D dass der Blick des Betrachters sich auf die Mitte konzentriert.

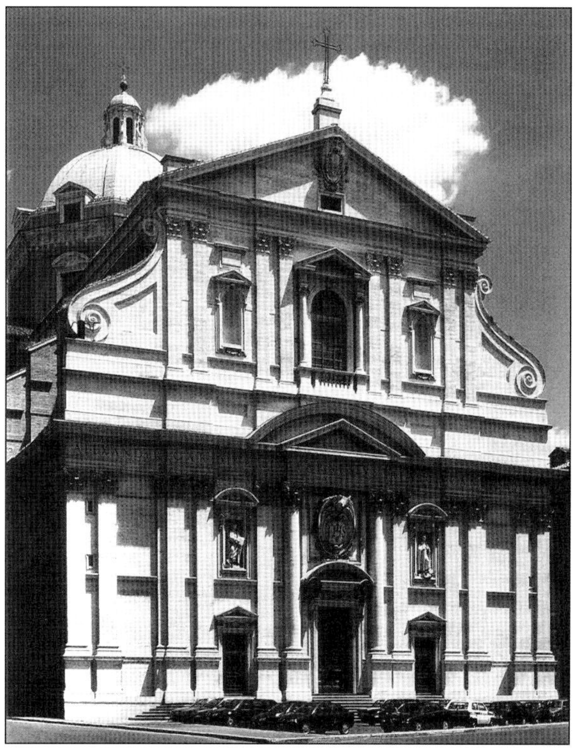

Fassade der italienischen Kirche Il Gesù

Sieh dir die Außenfassade von Il Gesù in Rom an. Ihre Fassade ist typisch für diese Epoche. Wo erkennst du geschwungene, bewegte Formen, wo geometrische Klarheit?

Gibt es barocke Gebäude in deiner Stadt? Welche Stilelemente der Epoche weisen sie auf?

***Stuck:** gut formbare Masse aus Gips, Kalksteinmehl, Sand und Wasser, die schnell hart wird.

Barocker Rahmen (2/4)

PROJEKTBESCHREIBUNG

ZEITAUFWAND 3 Doppelstunden

MATERIAL

- Skizzenpapier DIN A4
- Zeichenpapier DIN A3
- Bleistift
- Radiergummi
- Schwarze Filzstifte in verschiedenen Stärken
- Lineal
- Gegenstände mit kreisförmigem Grundriss (z.B. Jogurtbecher, Münzen)
- Abbildungen barocker Schmuckformen

VORBEREITUNG Lege dir einen kleine Sammlung von Skizzen barocker Formen an. Suche dazu nach barocken Gebäuden in deiner Stadt.

SO GEHT'S

A) Einen barocken Rahmen entwerfen

1. Lege fest, ob du die Ecke eines barocken Rahmens entwerfen willst oder ob du eine Idee für ein gerades Rahmenstück hast. Deute mit Bleistift und Lineal den Verlauf und die vorgesehene Breite des Rahmens an. Es wird allerdings nur ein Ausschnitt dargestellt. Du kannst diesen Ausschnitt auch schräg ins Bild setzen.

2. Betrachte jetzt deine Skizzen und entscheide, welche Motive du übernehmen willst. Du kannst sie natürlich auch durch eigene Kreationen erweitern und in anderen Kombinationen darstellen.

3. Lege Lage und Größe der wichtigsten runden Formen fest: Mit Hilfe einer Kreisschablone (z.B. Boden eines Jogurtbechers, Münzen) zeichnest du Kreise vor, auch wenn deren Umrisslinie nur zum Teil benötigt wird. Benutze die skizzierten Linien, um **schnecken- oder muschelförmige** Details in verschiedener Größe zu entwerfen. Verbinde sie durch kurvige Linien und stelle so aus den Einzelmotiven ein neues Ornament zusammen. Wenn sich Schmuckformen wiederholen sollen, helfen dir dabei die Schablonen.
   Achte darauf, dass sich symmetrische Formen, Blatt- und Muschelmotive abwechseln und nicht isoliert stehen, sondern eine Verbindung miteinander oder mit dem Rahmen eingehen.

Barocker Rahmen (3/5)

PROJEKTBESCHREIBUNG

Deute Wülste und Wölbungen nur durch dünne Linien an. Natürlich kannst du auch barocke Buchstaben, Zahlen und Medaillons integrieren. Zwischen den Ornamenten und dort, wo ein Ornament endet, tauchen die geraden Linien des skizzierten Rahmens auf. Ziehe sie nochmals nach und radiere alle Linien, die überdeckt werden, weg.

SO GEHT'S

B) Den Rahmen „plastisch" ausarbeiten

1. Ziehe die Linien mit Filzstift nach und lasse sie vor allem in den Rundungen an- und abschwellen. Achte darauf, dass dickere Linien gleichmäßig in dünnere übergehen.

   TiPP: Beginne mit einem dünnen Filzstift, setze mit einem dickeren Stift Akzente und lasse dann die Nahtstellen ineinander übergehen. Es entsteht so der Eindruck, dass Rundungen nach hinten verlaufen und bestimmte Teile tiefer liegen.

2. Bringe bei tiefer liegenden Flächen dichte Parallelschraffuren an. Dabei solltest du nicht die ganze Fläche, sondern nur Teile bearbeiten.
3. Deute Wülste und gewölbte Ränder durch gepunktete Linien an.
4. Alle Linien, die im vorderen Teil des Bildes liegen, ziehst du mit dünnem Stift nach.
5. Versieh den „starren" Teil des Rahmens noch mit Hilfe des Lineals mit dünneren oder dickeren Kanten und aufgesetzten Leisten. Diese Linien haben nicht alle die gleiche Länge. Lasse sie zum Rand hin „auslaufen", um anzudeuten, dass dein Rahmenstück nur einen Ausschnitt darstellt.

SO GEHT'S

C) Die Wandbilder gestalten

1. Kopiere deine Lösungen. Du kannst sie verkleinern oder vergrößern.
2. Schneide die Rahmenfragmente aus.
3. Stellt in Gruppen alle Lösungen der Klasse auf schwarzem Fotokarton zusammen. Ihr könnt auch nur Details auswählen und sie neu kombinieren.
4. Hängt eure Gemeinschaftsarbeit im Klassenzimmer oder Schulhaus aus.

Barocker Rahmen (4/5)

Beispiel

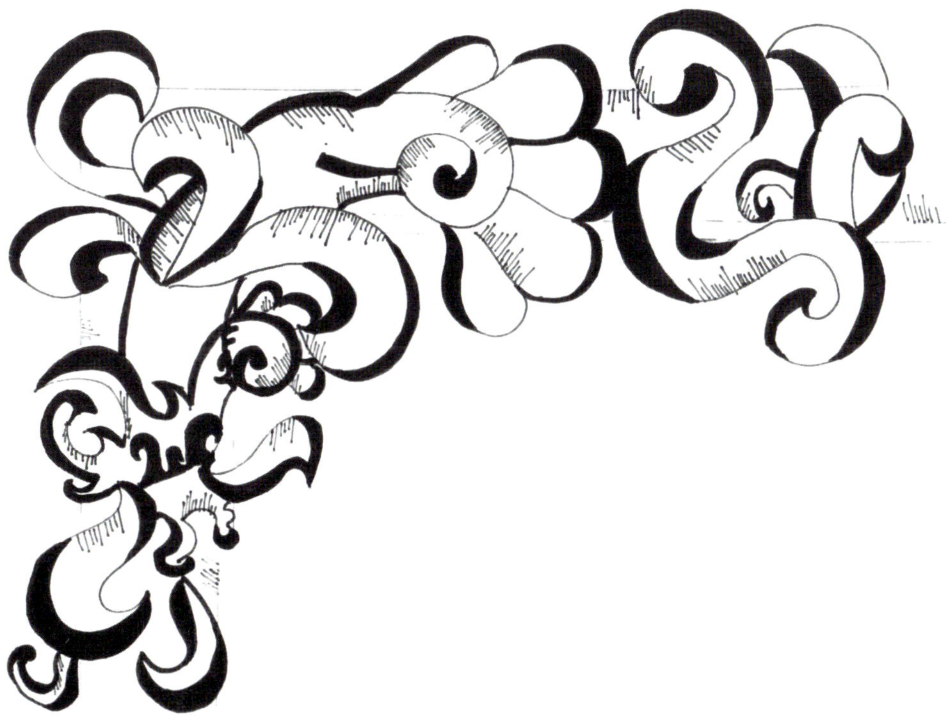

Schülerarbeit mit Tiefenschraffur

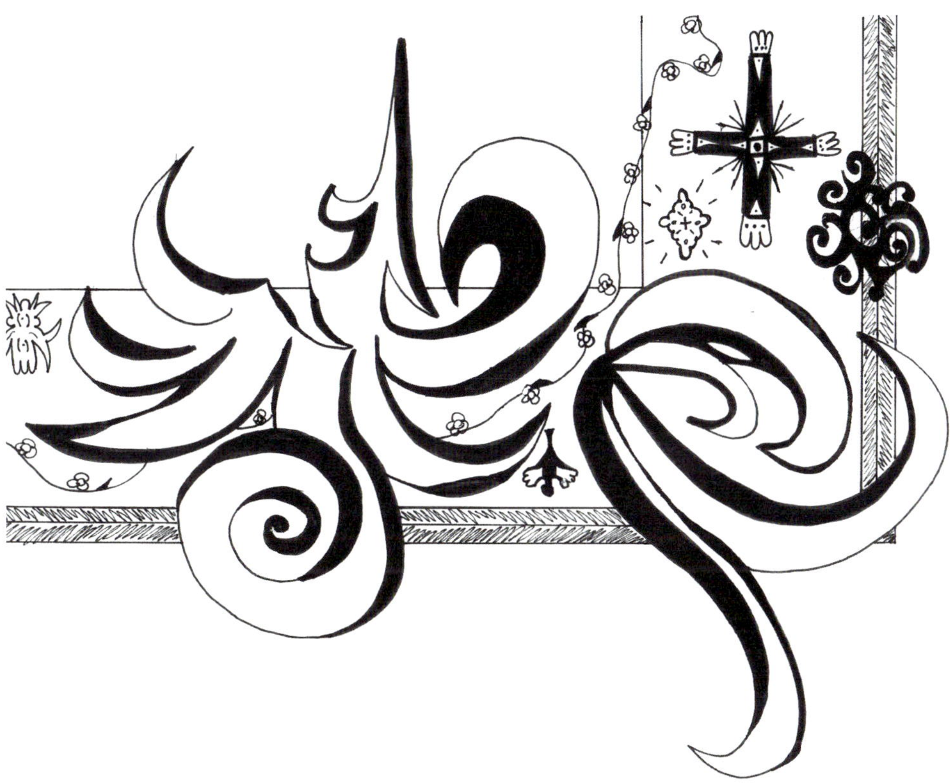

Schülerarbeit mit integriertem Kreuz

Barocker Rahmen (5/5)

Beispiel

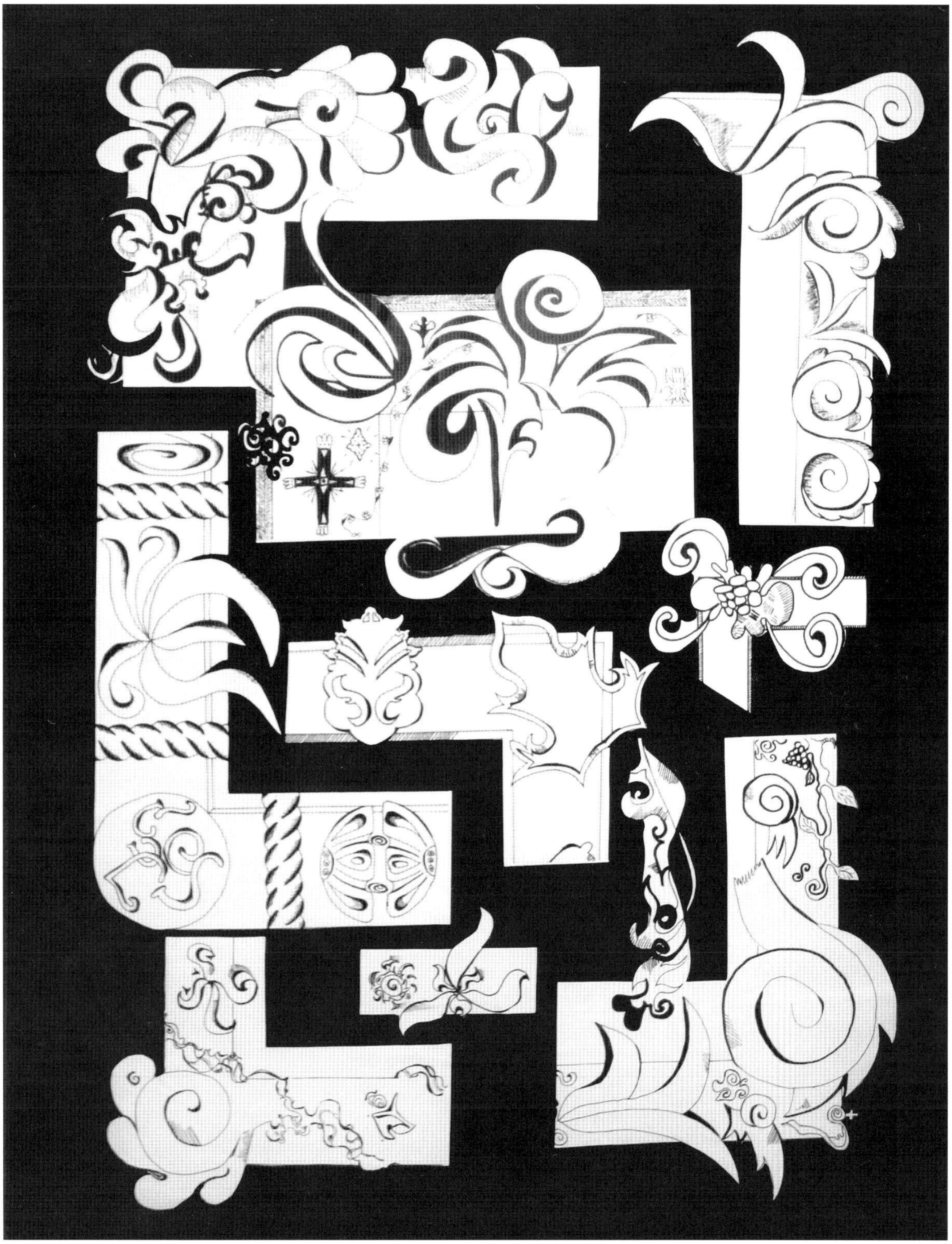

Wandbild mit Schülerarbeiten

Anhang

Didaktische Hinweise

Masken aus Ozeanien und Afrika (S. 16)

Einüben des Spaltschnitts
Zur Einführung in diese Technik empfehle ich die Demonstration des Verfahrens mit Hilfe des **Tageslichtprojektors:** Ein rechteckiges Stück Papier wird aufgelegt und erscheint zunächst nur als dunkle Fläche. Nach und nach zerschneidet man die Fläche mit der Schere und legt die Teile so hin, dass die unterschiedlich breiten Zwischenräume wie Linien und Muster wirken. Man „zeichnet" also mit der Schere.
Damit vor allem Anfänger diese Aufgabe besser bewältigen, zerteilt man zu Beginn der praktischen Arbeit die Ausgangsfläche in vier Teile: vertikal in zwei gleiche Hälften, horizontal in eine etwas kleinere und eine etwas größere Hälfte. Möglich ist auch eine differenziertere Aufteilung: Die untere Hälfte des Blattes wird durch einen horizontalen Schnitt abgetrennt, die oberen Flächen werden vertikal geteilt. Anschließend werden noch an der unteren Hälfte zwei Dreiecke seitlich abgespalten (s. Schülerarbeiten).
Vor dem Schneiden empfiehlt sich ein Entwurf mit Bleistift auf einem Skizzenblatt.

Ägyptische Wandmalerei (S. 22)

Zeigen Sie den Schülern Darstellungen ägyptischer Kunst, v.a. solche, auf denen die charakteristische Körperhaltung der Figuren deutlich wird. Geeignete Darstellungen finden Sie in folgenden Titeln:

Hans Georg Brecklinghaus.
Die Menschen sind erwacht, du hast sie aufgerichtet. Körperstruktur und Menschenbild in der Kunst des alten Ägypten und heute.
Lebenshaus Verlag, 1997.
ISBN: 3-9328-0301-9

Das Trojanische Pferd (S. 29)

Klären Sie im Unterrichtsgespräch mit den Schülern, anhand geeigneter Abbildungen, die Merkmale griechischer Figuren: griechische Nase, Augen in Vorderansicht usw.

Renaissance: Porträt 2 (S. 58)

Thema dieser Arbeit ist, dass sich die Schüler selbst im Kostüm und Stil der Renaissance darstellen. Dabei wird das eigene Gesicht als Fotomontage in das Bild miteinbezogen. Die Schwierigkeit der Aufgabe liegt darin,

a) die Proportionen des Körpers im richtigen Verhältnis zur Größe des Kopfes zu gestalten und
b) sich selbst in Haltung, Haartracht und Kleidung im Stile der Renaissance darzustellen.
Es sollte deshalb nach einer eingehenden Einführung (s. Arbeitsblatt) genügend Bildermaterial zur Veranschaulichung dargeboten werden. Geeignete Abbildungen finden Sie z. B. auf folgender CD-ROM:

Kunst für Kenner – Die Renaissance.
Directmedia, 2004 (geeignet für Windows 95/98/2000 auf dem PC und MAC).
ASIN: 3-93612-251-2

Klären Sie anhand geeigneter Bildvorlagen Intentionen und Charakteristika der Porträtmalerei der Renaissance (s. auch Projekt „Renaissance: Porträt 1") und die Theorie der Proportionen des menschlichen Körpers.

Die Schülerfotos sollten den Haaransatz zeigen. Es dürfen keine Haarpartien das Gesicht überdecken. Entfernen Sie anschließend von den Fotos die Halspartie und ersetzen Sie sie durch einen Kragen oder eine Halskrause.

Lösungen

Höhlenmalerei, S. 5

1. **Materialien:** Holz, Knochen, Stein
2. Mineralien/Öl/tierischen Fetten/Versprühtechnik/Südfrankreich/naturgetreue Abbildungen
3. Höhlenmalereien geben Aufschluss über die Lebensweise der Menschen in der Steinzeit und über die damalige Tierwelt.

Aus der Welt der Indianer, S. 10

1. **Feldfrüchte:** Kartoffeln, Mais, Kürbis
2. Die Indianer malten mit farbigen Erden in Pulverform. Als Malwerkzeuge dienten ihnen Weidenstäbe. Kleider verzierten sie mit den gefärbten Borsten des Stachelschweins und Glasperlen.
3. Erst die spanischen Eroberer brachten im 16. Jahrhundert Pferde nach Amerika. Vorher gab es diese Tiere dort nicht.

Masken aus Ozeanien und Afrika, S. 16

1. In Afrika und Ozeanien werden Masken eingesetzt, um Götter anzurufen und böse Geister fernzuhalten.
2. **Schnitzwerkzeuge:** Steinbeile, Muscheln
   Glättwerkzeuge: Haut von Rochen
3. Die Maske stammt von der Elfenbeinküste.

Ägyptische Wandmalerei, S. 22

1. **Wasser:** Blau
   Pflanzen: Grün
   Männer: Hellgelb
   Frauen: Weiß und Rosa
   Konturen: Schwarz
2. Schilfblatt, Wasser, Wachtelküken, Brotlaib

Das Trojanische Pferd, S. 29

1. **Gemeinsamkeit:**
   Nachahmung des Pferdekörpers
   Unterschiede:
   Film-Rekonstruktion besteht aus einzelnen, kleineren Holzteilen. Ausstellungs-Rekonstruktion hat grafisch vereinfachte Formen und glatte Flächen.
2. Die Griechen hatten vor, im Bauch des Pferdes Soldaten ins Stadtinnere zu schmuggeln. Die Trojaner hielten das Pferd für ein Göttergeschenk der Feinde, das sie für ihre Zwecke nutzen wollten. In der Nacht nach dem Abzug öffneten die griechischen Soldaten die Stadttore.

Griechische Vasen in einer Vitrine, S. 35

1. **Nummerierung der Kästchen von oben nach unten:** 6, 4, 2, 3, 5, 1
2. **Vase links:** Loutrophoros (B),
   Vase mittig: Lekythos (C),
   Vase rechts: Alabastron (A)

Lösungen

Romanik und Gotik: Ungeheuer, S. 40

1. **Romanische Stilelemente am Dom zu Speyer:**
   Rundbögen,
   kleine Fenster,
   große, durchgehende Wandflächen
2. Die Tierdarstellungen auf Würfelkapitellen symbolisierten den Kampf Gut gegen Böse. Gotische Wasserspeier in Tierform sollten böse Geister vertreiben.
3. **Wort 1:** Gotik
   Wort 2: Kapitell
   Wort 3: Rundbogen
   Lösungswort: KOELN

Gotische Kathedrale, S. 45

1. **Gotische Stilelemente:**
   große Wandflächen
   spitze Bögen
   feingliedrige Fenster
   schlanke Säulen
   viele Strebepfeiler
   Romanische Stilelemente:
   große Wandflächen
   Rundbögen
   kleine Fenster
   römische Architektur als Vorbild
   massive Mauern
2. **Vierpass:**
   Abbildung links
   Kreuzblume:
   Abbildung oben rechts
   Maßwerk:
   Abbildung unten rechts

Renaissance: Porträt 1, S. 51

1. Die Arbeit an einem Fresko muss vor allem schnell geschehen. Ist der Untergrund getrocknet, können die Malereien nicht mehr verändert werden.

Renaissance: Porträt 2, S. 52

1. **Lebenslauf Raffaels.** Nummerierung der Kästchen von oben nach unten:
   4, 2, 1, 7, 8, 5, 3, 6.

Barocker Rahmen, S. 63

Typisch Barock:

1. Die Gebäude erhielten mehr runde und ovale Formen, z.B. Kuppeln.
2. Großflächige Gemälde verzierten die Decken.
3. Symmetrische Formen wurden bevorzugt und Außenfassaden so gestaltet, dass der Blick des Betrachters sich auf die Mitte konzentriert.
4. Das Innere eines Gebäudes diente oft nur als Hülle für die Ausschmückung durch Malerei und Bildhauerei.

Literatur- und Linktipps

Literaturtipps

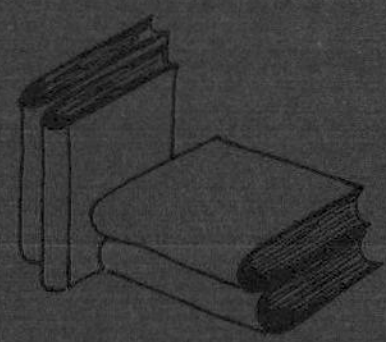

Blahak, Gerlinde:
30 x Kunst für 45 Minuten.
Kurze Projekte für schnelle Erfolge.
Verlag an der Ruhr, 2004.
ISBN 3-86072-922-5

Blahak, Gerlinde:
Techniken, Themen, Tricks.
Verblüffende Ideen mit einfachen Materialien. Verlag an der Ruhr, 2005.
ISBN 3-8346-0038-5

Blahak, Gerlinde:
Wandbilder mit der ganzen Klasse.
Kunstprojekte für große Gruppen.
Verlag an der Ruhr, 2003.
ISBN 3-86072-829-6

Farman, John:
Eine schräge Geschichte der Kunst.
Ohne den lahmen Kram.
Bertelsmann, 2002.
ISBN 3-57020-453-7

Grimm, Alfred:
Pharao. Kunst und Herrschaft im alten Ägypten. Klinkhardt & Biermann, 1997.
ISBN 3-78140-413-7

Janson, Horst W.:
Kunstgeschichte für junge Leser.
Von der Höhlenmalerei bis zur Moderne.
Dumont Literatur und Kunst Verlag, 2000.
ISBN 3-83215-289-X

Kretschmer, Hildegard:
Das Abenteuer Kunst. Eine Einführung in die Geschichte der Malerei.
Prestel, 2005.
ISBN 3-79133-463-8

Toman, Rolf:
Die Kunst der Romanik.
Architektur – Skulptur – Malerei.
Könemann im Tandem Verlag, 2004.
ISBN 3-83311-039-2

Toman, Rolf:
Gotik. Architektur – Skulptur – Malerei.
Könemann im Tandem Verlag, 2005.
ISBN 3-83311-038-4

Linktipps

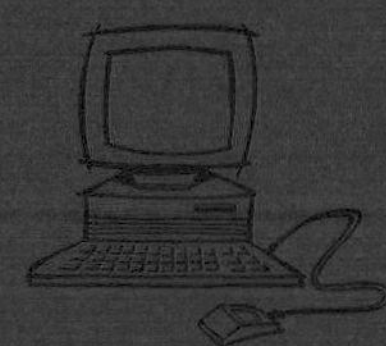

www.dainst.org
Seite des Deutschen Archäologischen Institutes mit ausführlichen Informationen und vielen Bildern aus Vorgeschichte und Antike.

www.portalkunstgeschichte.de
Portal für Kunsthistoriker, das unter dem Stichwort „Kunstgeschichte für junge Leser" eine ausführliche Linksammlung mit Titeln anbietet, die kunsthistorische Themen speziell für Kinder und Jugendliche aufbereiten.

www.kunstunterricht.de
Portal, das kommentierte Links für alles rund um den Kunstunterricht (Epochen, Didaktik, Kunstunterricht mit dem Computer etc.) anbietet.

www.artcyclopedia.com
Eine umfangreiche Linksammlung von Museen, Galerien etc. in englischer Sprache.

www.verlagruhr.de
Die in diesem Werk angegebenen Internetadressen haben wir geprüft (September 2006). Da sich Internetadressen und deren Inhalte schnell verändern können, ist nicht auszuschließen, dass unter einer Adresse inzwischen ein ganz anderer Inhalt angeboten wird. Wir können daher für die angegebenen Internetseiten keine Verantwortung übernehmen.

Ausführliche Infos und Beispielseiten unter www.verlagruhr.de

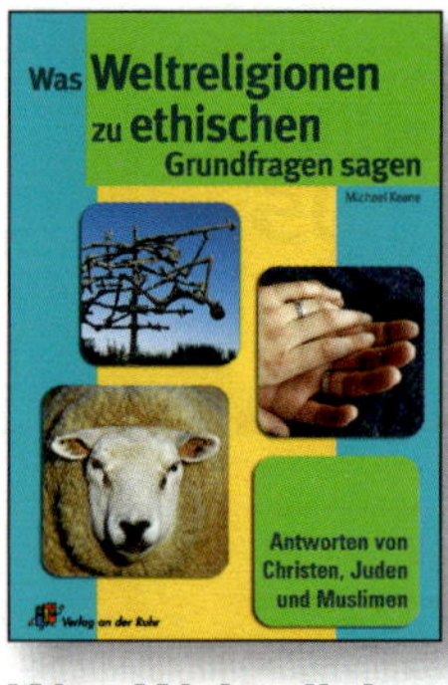

Was Weltreligionen zu ethischen Grundfragen sagen

Antworten von Christen, Juden und Muslimen

13–17 J., 189 S., A4, Paperback
ISBN 978-3-8346-0080-6
Best.-Nr. 60080
22,– € (D)/22,60 € (A)/38,50 CHF

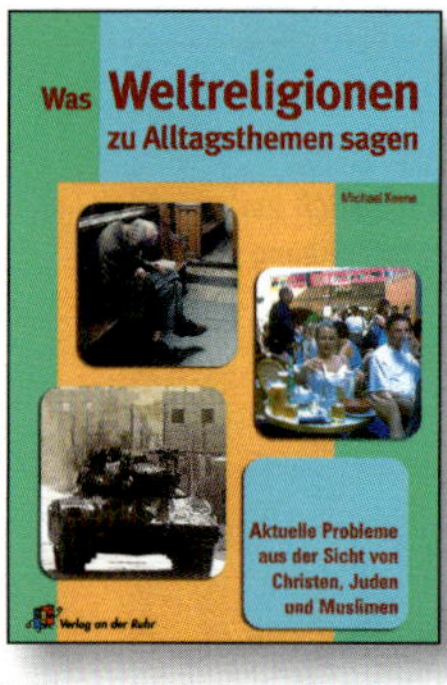

Was Weltreligionen zu Alltagsthemen sagen

Aktuelle Probleme aus der Sicht von Christen, Juden und Muslimen

13–17 J., 188 S., A4, Paperback
ISBN 978-3-8607-2989-2
Best.-Nr. 2989
22,– € (D)/22,60 € (A)/38,50 CHF

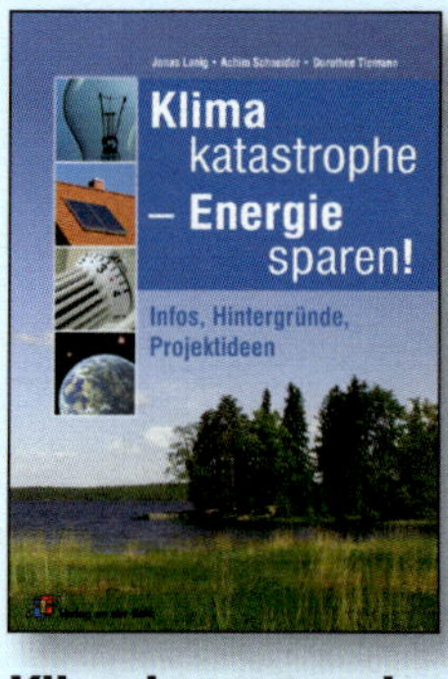

Klimakatastrophe – Energie sparen!

Infos, Hintergründe, Projektideen

Kl. 5–10, 120 S., A4, Paperback
ISBN 978-3-8346-0292-3
Best.-Nr. 60292
19,50 € (D)/20,– € (A)/34,20 CHF

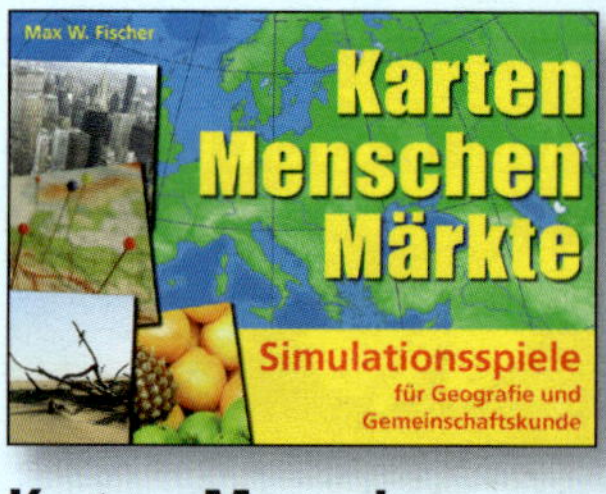

Karten, Menschen, Märkte

Simulationsspiele für Geografie und Gemeinschaftskunde

Kl. 5–7, 94 S., A4, Papphefter
ISBN 978-3-8346-0213-8
Best.-Nr. 60213
21,– € (D)/21,60 € (A)/36,80 CHF

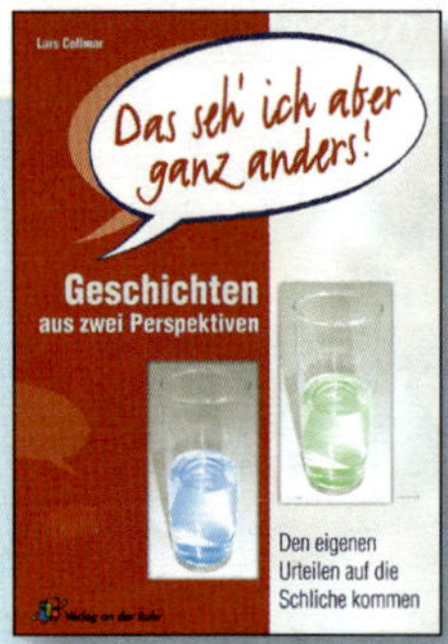

Das seh ich aber ganz anders!

Geschichten aus zwei Perspektiven: Den eigenen Urteilen auf die Schliche kommen

Kl. 7–10, 100 S., A4, Paperback
ISBN 978-3-8346-0164-3
Best.-Nr. 60164
19,– € (D)/19,50 € (A)/33,30 CHF

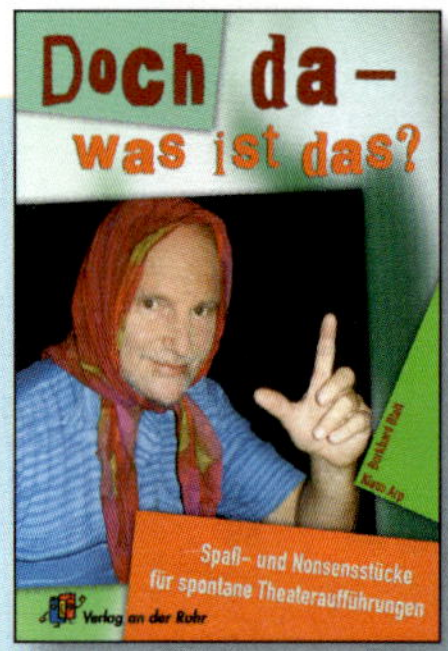

Doch da – was ist das?

Spaß- und Nonsensstücke für spontane Theateraufführungen

ab 13 J., 136 S., 16 x 23 cm, Paperback
ISBN 978-3-8346-0174-2
Best.-Nr. 60174
13,80 € (D)/14,20 € (A)/24,20 CHF

Mehr unter www.verlagruhr.de

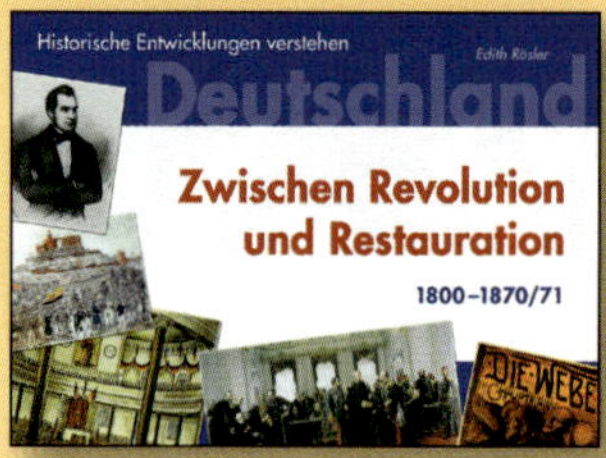

Historische Entwicklungen verstehen

Deutschland zwischen Revolution und Restauration (1800-1870/71)

Kl. 7–10, 62 S., A4, Papphefter
ISBN 978-3-8346-0160-5
Best.-Nr. 60160
18,– € (D)/18,50 € (A)/31,50 CHF

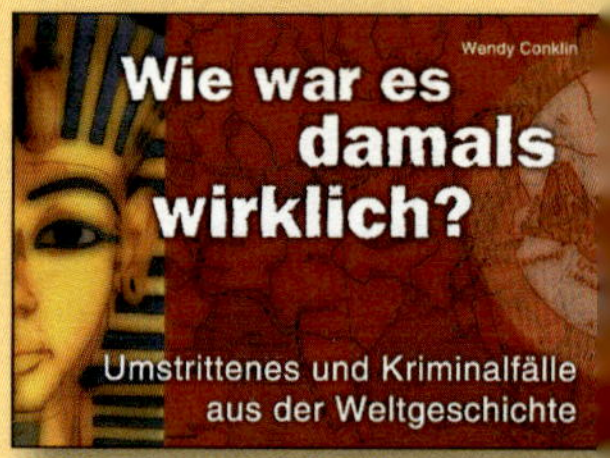

Wie war es damals wirklich?

Umstrittenes und Kriminalfälle aus der Weltgeschichte

Kl. 5–7, 69 S., A4, Papphefter
ISBN 978-3-8346-0084-4
Best.-Nr. 60084
18,50 € (D)/19,15 € (A)/32,40 CHF

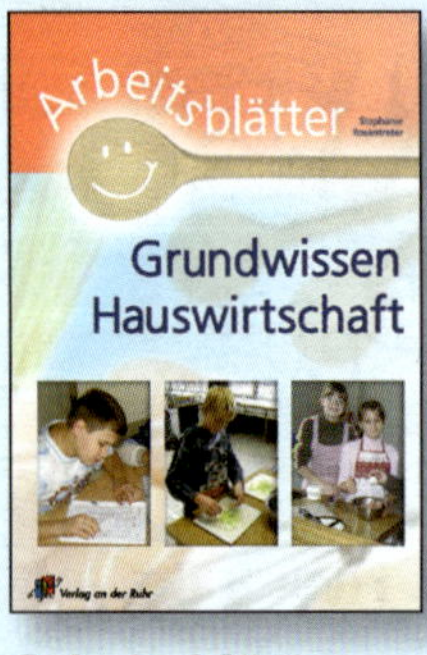

Arbeitsblätter Grundwissen Hauswirtschaft

Kl. 5–7, 104 S., A4, Paperback
ISBN 978-3-8346-0235-0
Best.-Nr. 60235
19,50 € (D)/20,– € (A)/34,20 CHF

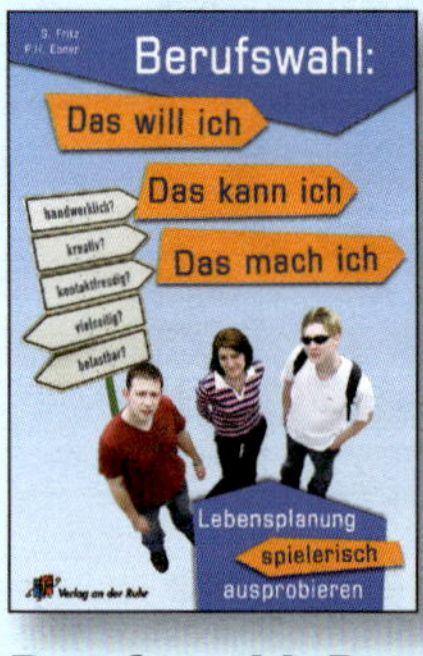

Berufswahl: Das will ich – das kann ich – das mach ich

Lebensplanung spielerisch ausprobieren

12–21 J., 158 S., A4, Paperback
ISBN 978-3-8346-0026-4
Best.-Nr. 60026
20,– € (D)/20,50 € (A)/35,– CHF

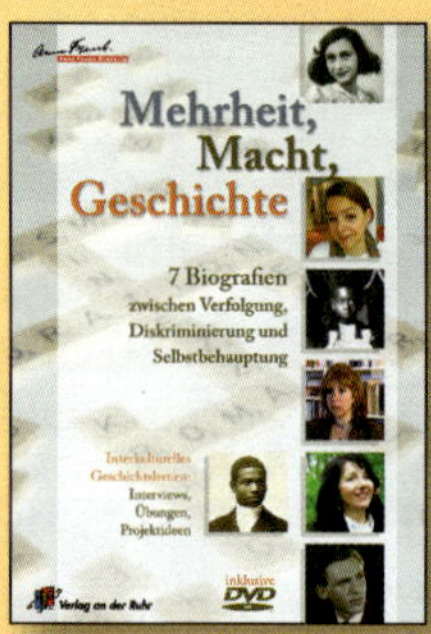

Mehrheit, Macht, Geschichte

Interkulturelles Geschichtslernen: Interviews, Übungen, Projektideen

14–19 J., 216 S., A4, Paperback, zweifarbig + DVD
ISBN 978-3-8346-0281-7
Best.-Nr. 60281
29,80 € (D)/30,65 € (A)/52,20 CHF

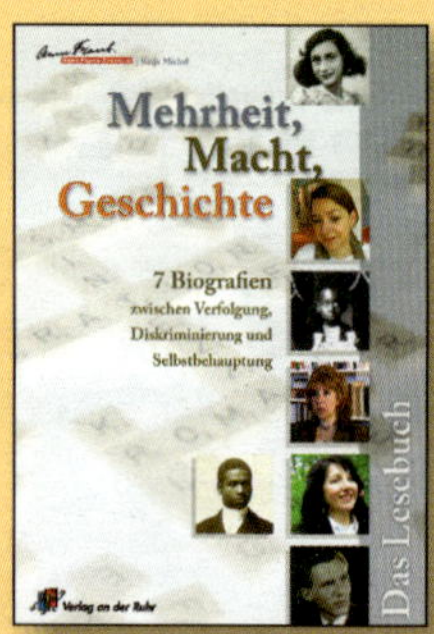

Mehrheit, Macht, Geschichte

Das Lesebuch

14–19 J., 72 S., A5, Paperback, vierfarbig
ISBN 978-3-8346-0282-4
Best.-Nr. 60282
11,– € (D)/11,30 € (A)/19,80 CHF

Informationen und Beispielseiten
unter www.verlagruhr.de
Verlag an der Ruhr • Postfach 10 22 51
45422 Mülheim an der Ruhr

Bitte richten Sie Ihre Bestellung an:
Verlag an der Ruhr • Tel.: 0208 – 49 50 40
Fax: 0208 – 495 0 495 • bestellung@verlagruhr.de